조선왕조실록을 역으로 읽다

주역으로 조선왕조실록을 읽다

조선의 왕들, 주역으로 앞날을 경계하다

더 생각 인문학 시리즈 13

초판 1쇄 발행 2020년 7월 5일
초판 1쇄 인쇄 2020년 7월 10일

지은이 박영규
발행인 김태영

발행처 도서출판 씽크스마트
주소 서울특별시 마포구 토정로 222(신수동) 한국출판콘텐츠센터 401호
전화 02-323-5609 · 070-8836-8837 팩스 02-337-5608

ISBN 978-89-6529-243-2 03140

- 원고 kty0651@hanmail.net
- 페이스북 www.facebook.com/thinksmart2009
- 블로그 blog.naver.com/ts0651

- 이 도서의 국립중앙도서관 출판예정도서목록(CIP)은 서지정보유통지원시스템 홈페이지
  (http://seoji.nl.go.kr)와 국가자료공동목록시스템(http://www.nl.go.kr/kolisnet)에서 이용
  하실 수 있습니다.(CIP제어번호: CIP2020024829)

- 씽크스마트 • 더 큰 세상으로 통하는 길
- 도서출판 사이다 • 사람과 사람을 이어주는 다리

주역으로
조선왕조실록을 읽다

조선의 왕들,
주역으로 앞날을
경계하다

박영규 지음

서론

주역周易은 동양철학의 종주宗主이면서 왕조시대 군왕들의 제왕학 교과서였다. 사마천은 《사기》 공자세가 편에서 "공자가 만년에 《주역》을 좋아해서 어찌나 여러 번을 읽고 또 읽었던지, 대쪽을 엮은 가죽 끈이 세 번이나 끊어졌다"고 말했다. 이른바 위편삼절韋編三絶의 유래다. 역대 중국의 황제들은 국가 경영에 주역의 원리를 활용했고, 특히 환란을 당했을 때는 주역을 가까이에 두고 그 지혜를 빌렸다. 주역을 애독한 것은 조선의 군왕들과 선비들도 마찬가지였다. 정조는 주역을 사서삼경의 모본母本이라고 말하면서 열성적으로 탐독했다. 유교의 경전을 새로 편찬할 때 신하들에게 자신이 읽고 있던 책을 내려주었는데 그 가운데 주역의 계사전은 얼마나 많이 읽었던지 종이가 너덜너덜해져 있었다고 한다. 세조 시절 영의정을 지낸 정인지는 주역을 모르는 문신들에게 술로 벌을 주어야 한다며 주역의 중요성을 강조했다.

주역은 글자 그대로 周주나라 시대의 역易, 즉 변화에 관한 책이다. 삼라만상은 고정되어 있는 것이 없으며 우주의 운행과 함께 늘 변한다는 것이 주역의 기본 원리다. 그래서 서양에서는 주역을 '변화에 관한 책(Book of Change)'으로 번역한다. 주역은 8괘와 64괘, 그리고 괘사, 효사, 십익+翼으로 구성되어 있다. 작자에 관하여는 여러 가지 설이 있지만 대체로 복희씨가 8괘를 짓고, 문왕이 64괘와 괘사, 효사를 지은 것으로 본다. 그리고 공자가 소위 십익이라고 불리는 계사전, 서괘전, 설괘전, 문언전, 잡괘전 등을 지은 것으로 본다.

주역의 원리는 크게 복잡하지 않다. 하늘과 땅, 물과 불, 바람과 우레, 산과 연못 등 자연현상을 상징하는 여덟 가지의 기호를 중첩시켜 64가지(8×8=64)의 괘를 만들고 그 괘 각각에 의미를 붙여 인간의 길흉화복을 판단하고, 예측하고, 경계하는 것이 주역이다. 추상적인 언어로 되어 있기 때문에 속뜻을 추론해내기가 쉽지는 않지만 원리를 깨우친 후 적절한 상상력만 가미하면 누구나 주역을 삶의 지침으로 활용할 수 있다.

예를 하나 들어보자. 산수몽이라는 괘가 있는데 산을 상징하는 간괘(☶)가 위에 놓이고 물을 상징하는 감괘(☵)가 아래에 놓이는 모양이다. 산 아래로 흘러가는 물을 떠올려보자. 물은 일정한 방향성이 없어 통제하기가 쉽지 않다. 제멋대로다. 바위에 부딪힐 게 분명한데도 생각 없이 마구잡이로 흘러간다. 상식의 입장에서 보면 매우 어리석은 행동이다. 그래서 어리석을 몽蒙을 괘사로 썼다. 사업을 시작하기 전이나 결혼을 앞두고, 혹은 대학 진학을 앞두고 주역 점을 봤는데 산수몽괘가 나오면 어리석은 결과를 초래하지 않기 위해 미리미리 단단히 준비하는 게 좋다는 신호로 받아들이면 된다. 율곡 이이가 쓴 교육용 도서인《격몽요결》의 몽이 주역의 산수몽괘에서 따온 것이다.

주역의 괘 모양에는 일정한 규칙이 있기 때문에 그 원리만 파악하면 쉽게 깨우칠 수 있다. 모양이 복잡하다고 지레 겁먹을 필요는 없다. 수학의 이차방정식 정도를 이해할 수 있는 지적 능력이면 주역 괘의 원리를 누구나 깨우칠 수 있다. 중요한 것은 그다음부터인데 괘사와 효사, 단사, 상사 등으로 구성되어 있는 주역 괘에 담긴 메시지를 읽어내는 것이 관건이다. 이때부터는 상상력 싸움이다. 산수몽괘의 예에서 봤듯이 다른 주역의 괘들도 상상력을 발휘해 괘에 담긴 메시지를 자기만의 방식으로 읽어내야 한다. 그래서 주역 공부는 절반은 수학 공부이고 나머지 절반은 인문학 공부이다. 풍부한 인문학적 소양을 갖춘 사람이라면 위편삼절이 아니라 위편일절 정도의 노력만으로도 주역을 자기 것으로 만들 수 있다.

《조선왕조실록》에는 주역과 관련된 1000여 건의 흥미진진한 에피소드가 실려 있다. 정조와 영조, 숙종, 세조 등 조선의 모든 군왕은 주역을 통해 신하들과 소통하면서 민생을 돌봤다. 정조는 규장각 설치, 인사문제, 영농사업, 상업개혁 등 국정 운영 전반에 걸쳐 주역으로 소통했다. 벼락이 심하게 쳐 민심이 동요할 때는 진괘雷가 포함된 주역 15개 괘의 지혜를 빌려 민생을 챙기기도 했다. 이순신은 출전하기 전 주역으로 점을 쳤고, 선조는 주역 공부를 통해 국난을 극복할 수 있는 지혜를 얻고

자 했다. 하지만 결과는 달랐다. 이순신은 구국의 영웅이 되었지만 선조는 백성을 버렸다. 환국정치의 달인 숙종은 남인과 서인, 노론과 소론의 세력 균형을 꾀하는 과정에서 주역을 적극 활용했다. 영조는 집권 초기부터 탕평책을 추진했다. 신하들의 반발에 부딪힐 때 영조는 주역의 동인괘同人卦를 인용, '소인들은 자신들과 친한 사람은 하는 일이 옳지 않아도 찬동하고, 자신들이 싫어하는 사람은 하는 일이 옳은 것이라도 찬동하지 않는다'며 신하들을 압박했다. 세조는 주역 예찬론자였다. 주역에 정통하면 많은 책을 읽지 않아도 스스로 밝아진다며 신하들에게 주역 공부를 독려했으며 주역 특진관제도, 주역 가점제도 등을 실시했다. 주역의 가르침을 인용해 자신의 업보에 대한 회한의 감정을 드러내기도 했다.

이 책은《조선왕조실록》에 나오는 주역과 관련된 다양한 에피소드를 통해 주역을 쉽게 소개하려는 의도에서 썼다.《조선왕조실록》에는 주역의 연원과 역사적 의미 등이 자세하게 소개되어 있고, 64괘의 핵심 메시지도 총망라되어 있다. 조선시대 군왕과 신하들이 국정을 토론하는 과정에서 인용한 주역의 괘사나 단사, 상사, 효사 등만 제대로 읽어도 주역에 관한 기초적인 지식과 원리를 충분히 배울 수 있다. 조선의 군왕과 신하들 가운데는 주역의 대가大家들이 즐비했으며《조선왕조실록》에 기록된 그들의 주역 해석은 정치적인 사건과 정책, 제도, 백성들의 민원, 학문적 논쟁 등과 관련되어 있기 때문에 그 어떤 주역 해설서보다 현장감과 박진감이 넘친다. 그래서 추상적인 단어들로 구성된 주역 텍스트를 직접 읽는 것보다 훨씬 더 효율적으로 주역을 배울 수 있다.

1장 '정조, 주역으로 소통하다' 편에서는 규장각의 설치, 자연재해, 영농사업 등에 얽힌 주역 이야기를 통해 주역의 계사전, 우레雷가 들어가는 15가지 괘(지뢰복, 산뢰이, 뇌택귀매, 천뢰무망 등), 수지비괘, 지수사괘 등을 살펴본다. 2장, '이순신의 주역과 선조의 주역' 편에서는 《난중일기》와 《선조실록》에 나오는 주역 이야기를 통해 이순신과 선조의 리더십을 비교해보고 이 과정에서 주역의 천수송괘, 화뢰서합괘의 의미를 살펴본다. 그리고 사단칠정론으로 유명한 기대승의 일화와 관련 주역 택지췌괘의 의미를 알아본다. 3장, '숙종, 주역으로 세력 균형을 꾀하다' 편에서는 숙종의 환국정치와 송시열, 윤휴, 윤선거, 윤증, 김만중 등 사색당파의 거두들이 벌인 예송 논쟁과 관련 주역의 택풍대과괘, 지천태괘, 지수사괘, 화택규괘, 뇌풍항괘 등의 의미를 살펴본다. 4장, '영조, 주역으로 탕평을 이루다' 편에서는 영조의 트레이드마크인 탕평책과 관련 주역 천화동인괘, 지산겸괘, 중천건괘 등을 살펴보고, 주역의 효를 읽는 방법에 대해서도 알아본다. 5장, '세조, 주역으로 자신의 업보를 돌아보다' 편에서는 세조와 정인지의 술자리 논쟁, 단종 폐위와 관련된 세조의 회한 등을 통해 주역의 수뢰둔괘에 대해 알아본다.

6장, '정종, 주역으로 마음을 비우다' 편에서는 타의에 의해 왕위에 오른 정종의 현실과 격구에 탐닉하는 정종의 모습을 주역 중지곤괘로 풀어본다. 7장, '성종, 주역으로 앞날을 경계하다' 편에서는 갑자사화의 주역으로 알려진 임사홍에 대한 신하들의 상소문과 관련 주역 천풍구괘의 의미를 알아보고 조선 전기의 명문장가인 강희맹과 관련된 일화를 통해 화풍정괘의 의미를 살펴본다. 그리고 폐비 윤씨 건과 관련된 일화를 통해 산풍고괘의 의미도 함께 알아본다. 8장, '연산군, 주역의 경고에 귀를 닫다' 편에서는 중종반정 세력에 의해 패륜적 폭군으로 낙인찍힌 연산 군의 행적과 관련 주역 중수감괘와 천지비괘, 지화명이괘의 의미를 살펴본다. 9장, '중종, 주역으로 간신을 멀리하다' 편에서는 조선시대 최고 의 풍운아로 불리는 유자광에 얽힌 이야기를 주역으로 풀어보고 그 과 정에서 주역 산천대축괘의 의미를 살펴본다. 그리고 조광조의 개혁 실 패와 기묘사화, 김안로의 국정농단에 얽힌 이야기를 주역으로 풀어본다. 10장, '광해, 주역으로 중립을 이루다' 편에서는 광해군의 중립 외교를 주역으로 풀어보고 주역 수산건괘의 의미를 알아본다.

   11장, '인조, 주역으로 굴복하다' 편에서는 병자호란에서 삼전도의 굴 욕을 당한 후 청나라의 신하국으로 전락한 조선의 현실을 주역으로 풀 어보고 주역 설괘전과 중풍손괘의 의미를 알아본다. 12장, '효종, 주역으 로 북벌을 꿈꾸다' 편에서는 북벌의 꿈을 키운 효종과 송시열의 관계, 지 조의 대명사로 불리는 김상헌의 사례를 통해 주역 지천태괘와 지뢰복괘 의 의미를 알아본다. 13장, '현종, 주역으로 예송을 논하다' 편에서는 비 주류 선비의 대명사로 알려진 박세당의 사례를 통해 주역 계사전을 살 펴본다. 14장, '태종, 주역으로 왕권을 강화하다' 편에서는 주역을 통해 태종의 선위 파동과 외척 세력을 약화시키기 위한 민씨 형제들의 옥, 행 정구역 개편에 대한 태종의 생각 등을 통해 주역 중지곤괘와 지천태괘 의 상사를 살펴본다. 15장, '세종, 주역으로 조정을 놀라게 하다' 편에서 는 잠저 시절 세종의 학구열과 세자 책봉 과정에서 대두된 현자론賢者 論, 즉위 후 세자의 대리청정을 둘러싼 신하들과의 논쟁 등을 주역으로 풀어보고, 이 과정에서 주역 산풍고괘와 계사하전을 살펴본다. 16장, '경종, 주역으로도 지우지 못한 당파 싸움의 그늘' 편에서는 아버지 숙종이 남긴 당파 싸움의 짙은 유산 때문에 제대로 된 리더십 한번 발휘하지 못한 경종의 사례를 통해 지천태괘의 의미를 살펴보고, 성균관 유생들의 동맹 휴학에 얽힌 주역 이야기도 함께 알아본다.

차례

1

정조

지나간 말과 행동을
많이 알아 그로써
덕을 쌓는다

정조는 군사君師를 자처했다. 국가를 다스리는 통치자이면서 동시에 백성을 가르치는 스승이란 뜻이다. 플라톤이《국가론》에서 말한 철인哲人과 그 의미가 같다. 조선왕조 스물일곱 명의 임금 중 자신의 이름으로 된 저서를 남긴 인물은 정조가 유일하다.《홍제전서》라 불리는 정조의 저서는 학문의 전 분야를 망라할 정도로 폭이 넓고 깊다.《홍제전서》의 3분의 1을 차지하는 경사강의經史講義는 정조가 유교의 경전에 대해 신하들과 토론한 내용을 정리한 문집이며, 이때 정조와 함께 경전을 토론한 신하들을 가리켜 초계문신抄啓文臣이라 불렀다. 관료들 중에서 임금이 직접 주관하는 시험과 절차를 거쳐 선발된 초계문신은 일종의 국비 장학생으로 정조의 학문적 파트너이면서 국가 경영의 핵심 축이었다. 정약용이 대표적인 초계문신이다.

　규장각은 정조와 초계문신들이 학문을 연구하고 토론하는 공간이었

다. 토론에 필요한 서책을 체계적으로 비치해두는 왕실 도서관의 기능
도 했다. 실록에는 규장각에 비치한 도서가 총 3만여 권이라고 기록되
어 있는데 정조가 세손 시절부터 읽던 책들도 포함되어 있었다. 규장각
에 비치된 도서목록인 규장총목이 완성된 날 실록의 기사를 보면 정조
가 세손 시절부터 주역 공부에 몰두했음을 알 수 있다. 1781년 6월 29일
《정조실록》의 기사다.

> 규장총목이 완성되었다. 임금이 평소 경적經籍을 숭상하여 춘저春邸에
> 있을 때부터 유편遺編을 널리 구매하여 존현각尊賢閣의 옆을 확장하여
> 그곳에다 저장하여 두고서 공자가 지은 《주역》 계사의 내용에 있는 말을
> 취하여 그 당堂의 이름을 '정색貞賾'이라고 하였다.

존현각은 정조가 세손 시절 책도 읽고 업무도 보던 곳이었다. 이곳에
서의 일을 기록한 문서를 정조는 훗날 《존현각일기》라는 이름을 붙여
사고에 보관하게 한다. 자객들의 침입으로 암살 위기를 넘기는 등 험난
한 세월이었지만 정조는 이곳에서 한시도 학문을 게을리하지 않았다.
정색貞賾이라는 단어의 의미를 정확하게 알기는 쉽지 않다. 계사에서 취
했다고 기록되어 있지만 계사전 어디를 봐도 정색이 완결된 단어로 쓰
인 곳이 없다. 국어사전에서도 검색되지 않는다. 그래서 정색이라는 단
어를 정貞 자와 색賾 자로 분리한 후 계사전을 검색해서 정조의 의도를
짚어보는 것이 최선의 방법이다.

우선 정貞 자는 계사하전 5장에 나오는 다음 구절에서 따온 것으로 보

인다. "공자가 말하기를, '기미를 알면 참으로 신묘하다. 군자의 사귐은 위로 아첨하지 않고 아래로 업신여기지 않으니 그 기미를 알아서인가?'라고 했다. 기미란 미묘한 움직임을 미리 알아차리는 것이 길함을 의미한다. 군자는 기미를 보아 움직이니 하루 종일 기다리지 않는다. 역에서 말하기를, '우뚝 선 바위와 같아 하루로 그치지 않는다. 곧고貞 길하다'고 했다." 책을 폭넓게 읽으면 사물의 이치를 깨우쳐 앞날을 미리 내다볼 수 있고, 그 깨달음이 깊어지면 우뚝 선 바위와 같이 단단한 내공을 쌓은 지도자가 될 수 있다는 의미에서 계사전의 이 구절에서 정貞 자를 딴 것으로 보인다. 계사전의 다른 곳에도 정貞 자가 네 번 더 나오지만 책과 관련한 메시지와는 무관하다.

그리고 색賾 자는 계사상전 11장의 다음 구절에서 따온 것으로 보인다. "깊숙하게賾 숨겨져 보이지 않는 것을 찾아내고 그 멀고 깊은 의미를 철저히 이해함으로써 천하의 길흉을 정하고 또 수없이 많은 일을 성사시키는 것은 시초와 거북 껍데기보다 큰 것이 없다." 독서를 통해 깊이 감춰져 있는 진리를 찾아내 이해하고, 그를 통해 세상 이치를 깨우친다는 뜻에서 계사전의 이 글자를 취했던 것 같다. 종합하면 정조는 독서를 통해 세상 이치를 깊이 깨닫고 앞으로 닥칠 일의 징후를 미리 포착하는 것이 예비 군왕으로서 자신이 갖추어야 할 덕목이라는 의미에서 서가의 이름을 정색貞賾으로 지었다고 추론할 수 있다. 주역 공부에 대한 정조의 열정을 가늠할 수 있는 실록의 에피소드는 이외에도 무궁무진하다. 그 가운데 대표적인 에피소드 두 개만 더 살펴보자.

참찬관이 식견과 도량을 가지고 말하였는데 대저 식견을 넓힌 연후에야 국량을 넓힐 수 있다. 여기에서 식견은 이치를 궁구하는 바탕이 되고 국량은 식견에서 연유된다는 것을 알 수 있다. 이르기를 '옛사람의 글을 많이 읽으라'라고 했는데, 이는 격물치지 가운데 한 가지 일인 것이 《주역》의 대축大畜 괘卦에도 '군자는 이전의 말과 지나간 행위를 많이 알아야 한다'고 했으니, 대축 괘의 괘상卦象으로 살펴본다면 많이 읽어 많이 아는 것은 하루아침에 되는 것이 아니라 반드시 오늘 한 가지 사물의 이치를 연구하고 내일 한 가지 일을 알아 점점 자꾸 쌓아나가면서 조금도 간단한 것이 없게 한 연후에야 비로소 대축 괘의 뜻에 합치되는 것이다. 이미 알았으면 또 반드시 행하여 그것에 의거해서 존양을 하고 그것에 의거해서 성찰한다면 식견과 도량이 자연히 진보하게 될 것이다. (1777년 5월 9일의 《정조실록》)

임금이 말하기를,
"대개 하나의 소인을 기용하면 많은 소인들이 아울러 나오기 쉽지만, 하나의 군자를 기용할 경우 여러 군자들이 무리 지어 나오기는 어려운 것이다. 《주역》의 구괘姤卦를 가지고 말하여 보더라도 여러 양陽 가운데 들어 있는 하나의 음陰은 비록 해로울 것이 없지만, 양이 미약해지고 음이 성하게 되는 10월에 이르러서는 모두 순음純陰이 되는 것이니, 두려워하지 않을 수 있겠는가? 그러므로 임금이 사람을 기용함에 있어서는 진퇴시키는 즈음에 음을 억제하고 양을 부식시키고, 어진 이를 기용하고 간사한 사람을 제거하여 의심하지 않은 후에야 이런 잘못을 면할 수 있게 된다." (1778년 12월 18일의 《정조실록》)

첫 번째 에피소드에 인용된 주역의 문구는 산천대축괘山天大畜卦 상전에 나오는 구절로 원문은 다음과 같다. '군자이君子以 다식전언왕행多識前言往行 이축기덕以畜其德, 군자는 지나간 성현들의 어록과 행동들을 많이 알아 이로써 덕을 쌓는다.' 산천대축괘는 산을 상징하는 간괘(☶)가 위에 놓이고 하늘을 상징하는 건괘(☰)가 아래에 놓이는 괘로 상전에서는 '하늘이 산 가운데에 있음이 대축인데 군자가 예전의 말과 행함을 많이 알아 그로써 덕을 쌓는다'고 괘의 의미를 해설한다. 옛 성현들이 남긴 어록과 발자취를 거울 삼아 군주의 덕을 쌓고 그로써 다가올 미래를 대비하라는 취지다. 사람의 식견과 도량이란 하루아침에 이루어지는 것이 아니다. 정조의 말처럼 꾸준한 독서와 사색을 통해 내공이 충분히 축적된 상태라야 그것이 가능하다.

두 번째 에피소드에 인용된 정조의 말을 이해하려면 주역 천풍구괘天風姤卦의 괘 모양을 살펴봐야 한다. 천풍구괘는 하늘을 상징하는 건괘가 위에 놓이고 바람을 상징하는 손괘(☴)가 아래에 놓이는 모양의 괘로 하늘 아래서 자유롭게 부는 바람처럼 세상을 이리저리 떠다니면서 다양한 사람과 사물을 만나는 것을 상징한다. 그래서 만날 구姤를 괘사로 썼다. 복합괘로 완성된 천풍구괘의 모양을 한번 보자.

주역에서는 괘를 그리고 있는 여섯 개의 막대기를 효爻라고 부르며 작은 막대기 두 개(--)로 이루어진 효는 음효, 긴 막대기 하나(─)로 이루어진 효는 양효라 부른다. 위 그림에서 알 수 있듯이 천풍구괘는 여섯 개의 효 가운데 가장 아래에 있는 효만 음효이고 이를 제외한 나머지는 모두 양효다. 주역은 양효와 음효가 고정되어 있지 않고 시간에 따라 변한다고 본다. 정조가 양이 미약해지고 음이 성하게 되는 10월이 되면 모두 순음이 된다고 한 것은 시간의 진행에 따라 다섯 개의 양효가 모두 음효로 변할 수도 있다는 의미다. 양은 군자를 뜻하고 음은 소인을 뜻하므로 지금은 소인이 소수지만 그런 상황을 방치하면 소인들의 세력이 커져서 국정을 문란하게 할 수도 있으므로 미리 경계해야 한다는 취지로 신하들에게 주역의 구괘를 인용하고 있다.

주역으로 잘못을
바로잡고
허물을 고친다

정조는 개혁 군주인 동시에 문화 군주였다. 정통 경학의 학풍을 새롭게
창달해 국가 운영의 틀을 혁신하겠다는 신념으로 신하들을 독려했으며
무엇보다 그 자신이 솔선수범했다. 정조는 경학 가운데서도 특히 주역
을 으뜸으로 꼽았다. 주역이 경학의 모본母本이고 논어, 맹자, 중용, 대학
등은 주역에서 파생된 인본印本이라고 봤다. 정조는 다른 책들보다 주역
을 특히 많이 봤다. 공자의 위편삼절과 비슷한 맥락의 일화도 전해진다.
사서삼경을 새로 인쇄하는 과정에서 정조 자신이 보던 책을 신하들에게
내려주었는데 그중 주역의 계사전은 종이가 너덜너덜해져 있었다고 한
다. 정조는 주역의 괘와 단사, 상사, 효사 등을 줄줄이 꿰고 있을 정도로
주역에 해박했다. 1795년 10월 17일의《정조실록》기사다.

번개와 천둥이 치고 비바람이 치면서 새벽이 될 즈음에 경고해주었으므

로 두렵고 떨리는 마음에 어찌할 바를 모르겠다. 재변이 닥치거나 상서祥瑞가 오는 것은 모두 사람이 불러들이는 것이다. 나 한 사람이 덕이 부족하여 하늘의 마음을 제대로 기쁘게 해드리지 못한 탓으로 불안하고 좋지 못한 현상이 때 아닌 때에 일어났으니, 재변을 소멸시키고 좋은 방향으로 돌리는 방책에 있어서는 무엇보다도 나 자신에게 책임을 돌려야 할 것이다. 《주역》에 이르기를 '조용히 살 때에는 그 상象을 보면서 그 해석을 음미하고, 활동하게 될 때에는 그 변變을 살피면서 점占을 음미한다'고 하였다. 하늘과 사람은 이치가 하나이니 두드리면 응하는 법이다. 그러니 어찌 감히 인사人事를 다함으로써 기필코 하늘의 마음을 감동시키려고 힘쓰지 않아서야 되겠는가. 수뢰둔괘水雷屯卦의 상사象辭에는 '경영할 때이다'라고 하였고, 뇌지예괘雷地豫卦의 단사象辭에는 '강剛의 기운이 응해온다'고 하였으며, 택뢰수괘澤雷隨卦의 단사에는 '시대를 따르는 의리야말로 큰 것이다' 하였고, 화뢰서합괘火雷噬嗑卦의 상사에는 '처벌을 분명히 하고 법규를 신칙할 때이다' 하였으며, 지뢰복괘地雷復卦의 상사에는 '관문關門을 닫고 사방을 살피지 말라' 하였고, 천뢰무망괘天雷无妄卦의 상사에는 '천시天時에 합하여 만물을 기를 때이다'라고 하였으며, 산뢰이괘山雷頤卦의 상사에는 '언어를 신중하게 하고 음식을 절제하라'고 하였고, 뇌풍항괘雷風恒卦의 상사에는 '중정中正한 위치에 서서 방향을 바꾸지 말라'고 하였으며, 뇌천대장괘雷天大壯卦의 상육효사上六爻辭에는 '숫양의 뿔이 울타리에 걸쳤으나 어렵게 여길 줄 알면 길하리라' 하였고, 뇌수해괘雷水解卦의 상사에는 '허물을 이해하고 죄를 용서하라'고 하였으며, 풍뢰익괘風雷益卦의 단사에는 '위를 덜어 아래를 보태줄 때이다'라고 하였고, 중뢰진괘重雷震卦의 상사에는 '두렵게 여기고 몸을 닦으며 반성하라'고 하였으며, 뇌택귀매괘雷澤歸妹卦의 상사에는 '길이 같이 살 길을 도모하며 허물어질 것을 생각하라'고 하였고, 뇌화풍괘雷火豊卦의 단사에는 '천지天地의 성쇠盛衰도 때와 더불어 진퇴進退한다'고 하였으며, 뇌산소과괘雷山小過卦의 상사에는 '지나칠 정도로 씀씀이를 절약하라'고 하였다. 나의 마음속 은미隱微한 곳으로부터 시행하고 조처하는 일에 이르기까지 어느 일이 이치대로 따른 것이고 어떤 정사가 이치에 어긋난 것이겠는가. 이것은 이미 내가 내놓은 행동을 보면 드러나지 않은 마음속까지도 충분히 징험해 알 수 있을 것이다. 어떤 잘못을 바로잡고 어떤 허물을 고쳐야만 15괘卦의 단사와 상사와 효사의 뜻에 제대로 부합되어 재변을 상서로움으로 돌리고 태평시대의 기상이 퍼지게 할 수 있겠는가.

천둥번개가 심하게 치고 민심이 동요할 때 정조는 신하들에게 우레雷가 들어가는 주역 15괘의 단사, 상사, 효사의 핵심적인 구절을 인용해 삼가 언행에 조심하라고 말한다. 앉은자리에서 주역의 괘 15개를 그 이름만 거론하기도 쉽지 않은데 정조는 그 상황에 알맞은 핵심 메시지까지 줄줄 꿰고 있다. 정조가 언급한 괘의 숫자가 많기는 하지만 간략하게라도 죽 한번 훑어보면 주역의 체계를 이해하는 데 도움이 될 것이다. 15개 모두에 진괘가 들어가기 때문에 각 괘의 효사나 단사, 상사 등은 모두 재난이라는 메시지에 그 초점이 맞춰져 있다.

먼저 수뢰둔괘 상사에 '경영할 때이다'라고 했는데 원문은 다음과 같다. '상왈象曰 운뢰둔雲雷屯 군자이경륜君子以經綸, 상에 가로되 구름과 우레가 둔이니 군자가 이로써 세상을 경영한다.' 수뢰둔괘는 물(구름)을 상징하는 감괘(☵)가 위에 놓이고 우레를 상징하는 진괘(☳)가 아래에 놓이는 형상으로 먹구름이 몰려와 폭우가 쏟아지고 천둥번개가 치는 위급한 재난 상황을 의미한다. 그래서 꽉 막힌다는 의미의 둔屯 자를 괘사로 썼다. 이로써 군자가 경륜을 한다는 것은 자연의 재난 신호를 교훈 삼아 국가의 시스템이나 민생에 혹 빈틈이 없는지 잘 살핀다는 의미다.

　뇌지예괘의 단사에 '강剛의 기운이 응해온다'고 했는데 원문은 다음과 같다. '단왈象曰 예豫 강응이지행剛應而志行 순이동順以動, 단에서 가로되 예란 강한 기운이 응해오니 뜻에 맞게 움직인다.' 뇌지예괘는 우레를 상징하는 진괘(☳)가 위에 놓이고 땅을 상징하는 곤괘(☷)가 아래에 놓이는 형상으로 땅속에 잠복해 있던 우레가 땅을 뚫고 나오듯이 지진과 같은 자연재해가 닥칠 것을 암시한다. 그래서 미리 예豫를 괘사로 썼다. '강剛의 기운이 응해온다'는 것은 강력한 지진파와 같은 것이 몰려오니 거기에 맞춰 재난 시스템을 가동하라는 의미다.

　택뢰수괘의 단사 '시대에 따르는 의리야말로 큰 것이다' 문장의 원문은 다음과 같다. '수시지의隨時之義 대의재大矣哉, 때를 따름이 대의다.' 택뢰수괘는 연못을 상징하는 태괘(☱)가 위에 놓이고 우레를 상징하는 진괘(☳)가 아래에 놓이는 모양으로 연못 속에 잠겨 있던 우레가 연못을 뚫고 나와 물을 사방으로 튀기는 상황을 일컫는다. 주역에서 물은 곤경, 난관을 의미하므로 이 역시 재난으로 국가가 어려움에 처하는 것을 상징한다. 때를 따르는 것이 대의라고 한 것은 재난을 맞아 민심을 안정시키기 위해서는 시기적절한 대응 조치가 따라야 한다는 의미다. 그래서 따를 수隨를 괘사로 썼다.

화뢰서합괘의 상사에 '처벌을 분명히 하고 법규를 준수할 때이다'라고 한 문장의 원문은 다음과 같다. '뇌전서합雷電噬嗑 선왕이先王以 명벌칙법明罰勅法, 우레와 번개가 서합이니 선왕이 이로써 벌을 분명히 하고 법규를 엄격하게 한다.' 화뢰서합괘는 불을 뜻하는 이괘(☲)가 위에 놓이고 우레를 뜻하는 진괘(☳)가 아래에 놓이는 괘로 천둥번개가 번쩍번쩍하듯이 민심이 극도로 동요하는 상황을 뜻한다. '처벌을 분명히 하고 법규를 준수한다'는 것은 흔들리는 민심을 잡기 위해 기강을 엄중하게 한다는 의미다. 그렇게 법규를 엄격하게 적용해 기강을 잡으면 백성들이 물건을 거래하는 시장의 질서도 바로잡히고 그 결과 입안에서 음식물을 잘 씹어 영양분을 신체에 공급하듯이 재화의 유통이 원활해진다. 그래서 씹는다는 뜻의 서합噬嗑을 괘사로 썼다.

지뢰복괘의 상사에 '관문을 닫고 사방을 살피지 마라'고 한 구절의 원문은 다음과 같다. '상왈象曰 뇌재지중雷在地中 복復 선왕이先王以 지일폐관至日閉關 상려불행商旅不行 후불성방后不省方, 상에 이르기를 땅속에 우레가 있는 것이 복이니 선왕이 이로써 관문을 닫고 장사치들을 다니지 못하게 하고 제후는 사방을 살피지 않는다.' 지뢰복괘는 땅을 상징하는 곤괘(☷)가 위에 놓이고 우레를 상징하는 진괘(☳)가 아래에 놓이는 괘로 땅속에 우레가 묻혀 있듯이 재난이 잠복해 있는 상황을 가리키며 언젠가는 우레가 땅을 뚫고 나오듯이 재난이 다시 일어날 수 있으니 경계하라는 의미다. 그래서 돌아올 복復을 괘사로 썼다. 재난에 대비하기 위해서는 비상한 각오로 국정에 임해야 한다. 그래서 국경을 일시적으로 폐쇄하고 수출입도 중단하고 임금은 순시도 자제해야 한다. 최근 코로나 바이러스로 각국이 공항을 폐쇄하고 관광객의 출입을 통제하고 각종 행사를 취소한 것을 떠올리면 쉽게 이해된다. 주역에서는 심각한 재난이 확산될 조짐이 보일 때 선제적으로 그런 조치를 취하라고 말한다.

천뢰무망괘天雷无妄卦의 상사에 '천시天時에 합하여 만물을 기를 때이다'라고 한 구절의 원문은 다음과 같다. '상왈象曰 천하뇌행天下雷行 물여무망物與无妄, 선왕이先王以 무대시茂對時 육만물育萬物, 상에 이르기를 천하에 우레가 번쩍여 사물이 무망하니 선왕이 이로써 때에 맞춰 만물을 기른다.' 천뢰무망괘는 하늘을 상징하는 건괘(☰)가 위에 놓이고 우레를 상징하는 진괘(☳)가 아래에 놓이는 괘로 하늘 아래서 천둥번개가 제멋대로 번쩍거리듯이 예측불가의 재난이 닥칠 상황을 의미한다. 이런 때는 무슨 일을 해도 의도하는 바가 충실하게 이루어지기 어렵다. 그래서 모든 것이 헛되고 허무하다는 뜻을 가진 무망无妄을 괘사로 썼다. 천시에 합하여 만물을 기른다는 것은 자연의 이치에 순응해 그에 맞는 대응책을 구사하라는 의미다.

산뢰이괘山雷頤卦의 상사에 '언어를 신중하게 하고 음식을 절제하라'고 한 것의 원문은 다음과 같다. '산하유뢰山下有雷 이頤 군자이君子以 신언어愼言語 절음식節飲食, 산 아래 우레가 있는 것이니 군자가 이로써 말을 신중히 하고 음식을 절제한다.' 산뢰이괘는 산을 상징하는 간괘(☶)가 위에 놓이고 우레를 상징하는 진괘(☳)가 아래에 놓이는 괘로 산 아래에서 우레가 치듯이 천지가 흔들릴 정도로 심한 재난이 닥친 상황을 의미한다. 몸이 심하게 아프면 턱이 흔들리듯이 사람들의 마음이 동요하고 있는 상황이다. 그래서 턱 이頤를 괘사로 썼다. 이런 때는 모든 사람이 예민해지고 식량 사정도 악화되므로 말과 행동을 조심하고 먹는 것을 절제해야 한다.

뇌풍항괘雷風恒卦의 상사에 '중정中正한 위치에 서서 방향을 바꾸지 말라'고 한 문장의 원문은 다음과 같다. '상왈象曰 뇌풍雷風 항恒 군자이君子以 입불역방立不易方, 상에 이르기를 뇌풍이 항이니 군자가 이로써 자신이 선 위치에서 방향을 바꾸지 않는다.' 뇌풍항괘는 우레를 상징하는 진괘(☳)가 위에 놓이고 바람을 상징하는 손괘(☴)가 아래에 놓이는 괘로 우레는 위에서 계속 번쩍이고 바람은 아래에서 지속적으로 불고 있는 모양처럼 일정 기간 그치지 않고 계속되는 재난을 일컫는다. 그래서 항恒 자를 괘사로 썼고 이런 상황에서는 우왕좌왕하지 말고 자신의 자리를 지키는 것이 좋다. 그래서 입역불방이라고 했다.

뇌천대장괘雷天大壯卦의 상육효사上六爻辭에 '숫양의 뿔이 울타리에 걸쳤으나 어렵게 여길 줄 알면 길하다'고 한 구절의 원문은 다음과 같다. '저양촉번羝羊觸藩 불능퇴不能退 불능수不能遂 무유리无攸利 간즉길艱則吉, 힘센 숫양이 울타리를 들이받다가 뿔이 걸려 흰다. 물러서지도 못하고 나아가지도 못한다. 이로울 것이 없으니 어려움을 알고 근신하면 길하다.' 뇌천대장괘는 우레를 상징하는 진괘(☳)가 위에 놓이고 하늘을 상징하는 건괘(☰)가 아래에 놓이는 괘로 우레가 하늘을 뚫듯이 맹렬한 기세로 돌진하는 재해를 일컫는다. 그 기세가 욱일승천하는 모양을 닮았기 때문에 대장大壯을 괘사로 썼다. 이런 상황에서 섣불리 행동에 나섰다가는 진퇴양난에 빠진다. 그러므로 근신하는 것이 최상의 방책이다.

뇌수해괘雷水解卦의 상사에 '허물을 이해하고 죄를 용서하라'고 한 문장의 원문은 다음과 같다. '상왈象曰 뇌우작雷雨作 해解 군자이君子以 사과유죄赦過宥罪, 상에서 이르기를 우레와 비를 지으니 해라고 했다. 군자가 이로써 허물을 사하고 죄를 용서한다.' 뇌수해괘는 우레를 상징하는 진괘(☳)가 위에 놓이고 물을 상징하는 감괘(☵)가 아래에 놓이는 괘로 천둥번개가 치고 비가 억수같이 퍼붓는 악천후 상황을 일컫는다. 이런 때에는 사회질서나 기강이 혼란스럽고 해이해질 수 있다. 그래서 풀해解를 괘사로 썼다. 이때는 기아선상에 빠진 난민을 구휼하듯이 너그러운 자비심을 베풀어야 한다. 그래서 허물을 덮어주고 죄를 용서하라고 했다.

풍뢰익괘風雷益卦의 단사에 '위를 덜어 아래를 보태줄 때이다'라고 한 구문의 원문은 다음과 같다. '익益 손상익하損上益下 민열무강民說无疆, 익은 위에서 덜어 아래를 보태는 것이니 백성이 한없이 기뻐한다.' 풍뢰익괘는 바람을 상징하는 손괘(☴)가 위에 놓이고 우레를 상징하는 진괘(☳)가 아래에 놓이는 괘로 바람과 우레가 상승작용을 일으켜 재난이 한층 더 거세지는 상황을 일컫는다. 그래서 더할 익益을 괘사로 썼다. 재난이 닥칠 때 가장 힘든 사람은 일반 서민들이다. 그래서 상류층이 가진 것을 풀어 가난한 사람들을 구휼하라고 말한다.

중뢰진괘重雷震卦의 상사에 '두렵게 여기고 몸을 닦으며 반성하라'고
한 문장의 원문은 다음과 같다. '상왈象曰 천뢰진洊雷震 군자이君子以 공
구수성恐懼脩省, 상에서 이르기를 벼락이 거듭되니 군자가 이로써 두려
워하고 몸을 닦고 성찰한다.' 중뢰진괘는 우레를 상징하는 진괘(☳)가 아
래위에 중첩적으로 놓이는 괘로 엎친 데 덮친 설상가상의 재난을 뜻한
다. 이런 때는 몸을 가다듬고 근신하면서 자신을 돌아보는 계기로 삼아
야 한다.

뇌택귀매괘雷澤歸妹卦의 상사에 '길이 같이 살 길을 도모하며 허물어
질 것을 생각하라'고 한 구절의 원문은 다음과 같다. '상왈象曰 택상유뢰
澤上有雷 귀매歸妹 군자이君子以 영종지폐永終知敝, 상에서 이르기를, 연
못 위에 우레가 있는 것이 귀매이니 군자가 이로써 영원한 것처럼 보이
는 것도 종국에는 사라지게 됨을 안다.' 뇌택귀매괘는 우레를 상징하는
진괘(☳)가 위에 놓이고 연못을 상징하는 태괘(☱)가 아래에 놓이는 괘로
연못 위에서 우레가 진동해 안정적인 연못을 뒤흔들어놓듯이 질서가 파
괴되고 혼란이 가중되는 상황을 뜻한다. 사물은 늘 변화 속에 놓여 있으
며 일시적으로 안정되어 보이는 것들도 시간이 흐름에 따라 불안정한
상태로 바뀐다. 시집가서 잘 살고 있다고 생각한 누이가 어느 날 친정으
로 돌아오듯이 안정이 불안정으로 회귀한다. 그래서 괘사를 귀매歸妹라
고 썼다.

뇌화풍괘雷火豊卦의 단사에 '천지天地의 성쇠盛衰도 때와 더불어 진퇴進退한다'고 한 문구의 원문은 다음과 같다. '천지영허天地盈虛 여시소식與時消息, 천지도 채워졌다가 비워지니 때에 따라 나타나기도 하고 사라지기도 한다.' 뇌화풍괘는 우레를 상징하는 진괘(☳)가 위에 놓이고 불을 상징하는 이괘(☲)가 아래에 놓이는 괘로 우레가 친 후 불이 나 천지 사방으로 번지는 것처럼 재난이 점점 확대되는 모양을 뜻한다. 그래서 풍豊을 괘사로 썼다. 화마에 휩쓸린 산이 한순간에 헐벗는 것처럼 한때 강성해 보이던 국가도 큰 재난을 당하면 속절없이 소멸된다. 그래서 천지는 영화와 고난을 반복한다고 했다.

뇌산소과괘雷山小過卦의 상사에 '지나칠 정도로 씀씀이를 절약하라'고 한 문장의 원문은 다음과 같다. '산상유뢰山上有雷 소과小過 군자이君子以 용과호검用過乎儉, 산 위에 우레가 있는 것이 소과이니 군자가 이로써 씀씀이를 크게 줄인다.' 뇌산소과괘는 우레를 상징하는 진괘가 위에 놓이고 산을 상징하는 간괘가 아래에 놓이는 괘로 우레가 쳐 산의 나무들이 부러지듯이 자질구레한 피해를 입는 상황을 뜻한다. 그래서 소과小過를 괘사로 썼다. 피해 복구에 예산을 집중 투입하려면 불요불급한 예산은 대폭 삭감해야 하듯이 재난을 당했을 때는 쓰임새를 과감하게 줄여야 한다. 그래서 용과호검이라 했다.

정조가 언급한 15개의 주역 괘를 우레를 상징하는 진괘를 중심으로 배열해보면 다음과 같다. 진괘가 위에 놓이는 8개 괘와 진괘가 아래에 놓이는 8개의 괘를 합하면 16개의 괘가 되는데 진괘가 위아래 놓이는 괘는 중복이므로 하나를 제외하면 총 15개의 괘가 된다.

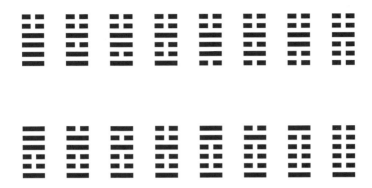

　같은 방식으로 하늘을 상징하는 건괘(☰), 땅을 상징하는 곤괘(☷), 물을 상징하는 감괘(☵), 불을 상징하는 이괘(☲), 연못을 상징하는 태괘(☱), 산을 상징하는 간괘(☶), 바람을 상징하는 손괘(☴) 등도 이들을 중심으로 차례로 배열해보자. 먼저 하늘을 상징하는 건괘를 중심으로 괘를 배열하면 다음과 같은 16개의 모양이 나오고, 이 가운데 위아래 중복되는 1개와 진괘를 중심으로 한 위의 괘에 나왔던 2개의 괘를 제외하면 총 13개의 괘가 남는다.

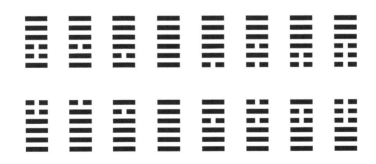

같은 방식으로 배열한 후 중복되는 괘를 제하면 차례대로 11개, 9개, 7개, 5개, 3개, 1개의 괘가 남게 되고, 이들을 모두 합하면 64괘(15+13+11+9+7+5+3+1)가 된다. 이것이 주역의 64괘다. 이 밖에도 정조는 국정 운영 전반에 걸쳐 주역의 원리를 적용했다. 농사를 짓는 근본 원리를 땅과 물이 결합된 주역의 비괘比卦와 사괘師卦에서 찾고 있는 다음 구절이 특히 인상적이다. 1798년 11월 30일의 《정조실록》 기사다.

　　　농사를 권장하고 농서農書를 구하는 윤음을 내렸는데, 거기에 이르기를, "농사짓는 근본은 부지런함과 수고함에 달려 있는데, 그 요체는 역시 수리水利 사업을 일으키고 농작물을 토질에 맞게 심으며 농기구를 잘 마련하는 것뿐이다. 이 세 가지가 그 요체인데, 그 가운데서도 수리 사업을 일으키는 것이 첫 번째를 차지한다. 《주역》에서 수水와 지地가 합쳐진 것이 비괘比卦이고 지와 수가 합쳐진 것이 사괘師卦인데, 이것이 정전법正田法의 기본 원리다. 토질에 잘 맞게 하고자 한다면 물을 놔두고 어떻게 하겠는가."

　　수지비괘는 물을 상징하는 감괘(☵)가 위에 놓이고 땅을 상징하는 곤괘(☷)가 아래에 놓이는 괘로 지표면 위에 고인 물처럼 서로가 서로에게 의지하면서 친밀하게 교제하는 모양을 나타낸다. 그래서 나란할 비比를 괘사로 썼다. 곤괘와 감괘의 상하 위치가 바뀌면 지수사괘가 되는데, 이 괘는 땅이 물을 품듯이 사람을 품어서 가르치고 양육하는 모양을 상징한다. 그래서 스승 사師를 괘사로 썼다. 수지비괘와 지수사괘의 괘 모양을 그리면 다음과 같다.

모양에서 보듯이 수지비괘와 지수사괘는 괘의 상하가 바뀌어 있는 모양인데 이런 방식으로도 주역의 64괘 전체를 살펴볼 수 있다.

이처럼 주역은 형상이 변화무쌍하고 그 변화에 따라 괘의 의미도 바뀐다. 천지 만물과 인간의 길흉화복이 시시각각으로 변한다고 보는 것이 주역의 기본 전제이기 때문에 점괘를 뽑아서 좋지 않게 나왔다고 실망할 이유가 없다. 길은 흉으로, 흉은 길로 바뀌고, 복은 화로, 화는 복으로 바뀌기 때문이다. 중요한 것은 국면 국면마다 잠복해 있는 변수를 적절하게 통제하고 관리함으로써 흉과 화는 최대한 억제하고 길과 복은 최대한 고양시키려는 인간의 의지와 노력이다. 주역은 상황이 변화되는 가능성과 원리를 보여주지만 그 상황을 실제로 변화시키는 것은 사람이다.

이순신

이순신의 주역과
선조의 주역

임금을 만난 듯하고
밤에 등을
얻은 것과 같다

《난중일기》에는 이순신이 주역 점(척자점)을 치는 장면이 여러 차례 나온다. 가장 먼저 점을 치는 장면은 1594년 7월 13일의 기록에 등장한다. "비 오는 날 홀로 앉아 글자를 짚어 점을 쳤다." 이순신은 이날 하루에만 세 가지 사항에 대한 점괘를 뽑아본다.

첫째는 막내아들 면의 병세에 관한 것인데, 여견군왕如見君王, 여야득등如夜得燈이라는 점괘가 나왔다. 임금을 만난 듯하고, 밤에 등을 얻은 것 같다는 뜻이니 길한 점괘다. 주역의 원리에 기초한 척자점이라 주역 원전의 내용과는 문구 자체가 다르지만 그것이 주는 메시지의 맥락은 같다. 둘째는 영의정 유성룡에 관한 것인데, 여해득선如海得船, 여의득희如疑得喜라는 점괘가 나왔다. 바다에서 배를 얻고 의혹이 기쁨으로 변한다는 뜻이니 이 또한 길한 점괘다. 세 번째는 비가 올 것인가? 이번에는 여사토독如蛇吐毒이라는 점괘가 나왔다. 뱀이 독을 토한다는 뜻이니 비가 아주 많이 내린다는 점괘다. 다음 날 억수 같은 비가 쏟아지자 이순신은 자신의 점괘가 절묘하다며 내심 감탄한다. 아들 면의 병세도 차츰 호전되었고 유성룡은 반대파의 탄핵을 받아 잠시 파직되었지만 서울 수복 후 다시 영의정에 복귀했다. 모두 점괘대로 된 것이다.

그다음 점치는 장면은 같은 해 9월 1일의 기록이다. 이때는 아내의 병세에 관해서인데 여승환속如僧還俗이라는 점괘가 나왔다. 출가한 승려가 속세로 돌아왔다는 뜻이니 이 또한 길조다. 실제로도 이순신의 아내는 병이 나았던 모양이다. 같은 달 28일에는 출병과 관련 점괘를 뽑아보는 장면이 나온다. 이순신은 임진왜란이 발발한 첫해 몇 차례 대승을 거둔 후 본격적인 출병을 자제하고 있었다. 결정적인 때를 기다리고 있었던 것이다. 하지만 도원수 권율이 출병을 재촉하자 점괘를 뽑아본 것이다. 여궁득전如弓得箭이라는 점괘가 나왔는데 활이 화살통을 얻었다는 뜻이니 길조였다. 실제로 이순신은 곽재우 등과의 수륙 연합 작전으로 왜군을 격파한다.

1596년 1월 10일에는 왜군이 다시 나올지에 관한 점을 쳤다. 여차무륜如車無輪이라는 점괘가 나왔다. 수레에 바퀴가 없다는 뜻이니 일본의 입장에서는 흉조, 조선의 입장에서는 길조였다.

12일에는 영의정 유성룡과 전세를 걱정하는 꿈을 꾼 후 다시 점을 쳤는데 여빈득보如貧得寶라는 점괘가 나왔다. 가난한 사람이 보물을 얻었다는 뜻이니 이 또한 길조다. 실제로 이달 18일 일본의 소서행장이 일본으로 돌아갔고 4월 19일에는 풍신수길이 죽었으며 5월 13일 가등청정도 본국으로 철수했다.

1597년 정유년 2월 이순신은 원균의 모함으로 삭탈관직을 당한 후 의금부에 투옥된다.《난중일기》에는 원균에 대한 기록이 자주 등장하는데 주로 그의 비리나 무능을 개탄하는 내용이다. 아마 그것이 빌미로 작용했을 것이다. 4월 1일 석방된 후 이순신은 권율 휘하에서 백의종군한다. 이후에도 원균에 대해 한탄하는 대목들이 자주 나온다.

5월 12일에는 원균에 대해 점을 치는데 수뢰둔괘가 천풍구괘로 바뀌는 점괘를 얻는다. 이순신은 용用이 체體를 극하는 흉한 점괘로 해석한다. 이 부분은 설명이 조금 필요하다. 우선 수뢰둔괘와 천풍구괘의 괘 모양을 살펴보자. 수뢰둔괘는 물을 상징하는 감괘(☵)가 위에 놓이고 우레를 상징하는 진괘(☳)가 아래에 놓이는 모양이고, 천풍구괘는 하늘을 상징하는 건괘(☰)가 위에 놓이고 바람을 상징하는 손괘(☴)가 아래에 놓이는 모양으로 괘를 그리면 다음과 같다.

각 효를 살펴보면 오효만 양효가 그대로 남아 있고 나머지는 양효는 음효로, 음효는 양효로 바뀌었음을 알 수 있다. 이때 변화된 효를 변효라 한다. 주역은 변화를 중요하게 여기기 때문에 처음에 나온 점괘보다는 변효를 중심으로 새로 만들어진 두 번째 점괘에 더 큰 의미를 둔다. 처음 나온 점괘는 현재이고 그것이 변화된 두 번째 점괘는 미래다. 따라서 원균의 점괘는 천풍구괘를 기준으로 해석하는데 상괘인 건괘를 미래적 쓰임인 용用으로 보고 하괘인 손괘를 현재 자신이 가진 역량인 체

體로 본다. 그 이유는 위에 있는 상괘가 시간적으로 미래를 뜻하기 때문이다. 주역의 괘에서 시간의 흐름은 위에서 아래로 진행되는 것으로 본다. 별빛이 쏟아져 내리는 장면을 연상하면 쉽게 이해할 수 있다. 우리 눈으로 쏟아져 들어와 우리가 지각하는 별빛은 현재 혹은 과거이고 저 위에서 우리 눈을 향해 다가오고 있는 별빛이 미래다. 그런데 음양오행에서 건괘는 금에 해당하고 손괘는 목에 해당하며 금과 목은 금극목으로 상극 관계다. 그래서 이순신은 용이 체를 극하는 흉괘라고 해석한 것이다. 원균이 치를 전투用가 원균 자신이 가진 역량體에 어울리지 않으므로 승산이 없다는 점괘다. 이순신의 점괘대로 원균은 7월 15일 대패하고 8월 3일 이순신은 삼도통제사로 복귀한다. 그리고 9월 15일 명량해전에서 열두 척의 배로 왜군의 배 200척을 격파, 2차 왜란(정유재란)의 전세를 다시 역전시킨다.

　이순신은 1598년 노량해전에서 전사한다. 이순신이 자신의 죽음에 대해 점괘를 뽑아보았다는 기록은 없다. 영웅도 자신의 최후를 내다보지는 못했다.

일을 도모할 때는
처음에 잘
꾀해야 한다

"상이 별전에 나아가 주역을 강하였다."

《선조실록》에는 이런 문구들이 수없이 등장한다. 임진왜란이라는 전
대미문의 환란 시기의 실록에 특히 이런 문구가 많이 보인다. 주역의 지
혜를 빌려 국란을 극복하려 했던 임금의 의지가 읽히는 대목이다. 전란
이 발발한 이태 뒤인 1594년 유성룡이 《시전詩傳》 강연을 건의하자 선
조는 지금 한가하게 시나 읽고 있을 때가 아니라며 주역으로 강연 과목
을 바꾸라고 지시했다. 강연을 마친 후 신하들과 토론을 하던 중 "만고
길흉이 모두 이 《주역》에서 나오니, 그 이치의 신묘함은 무어라 다 말할
수 없다"며 주역을 예찬하기도 했다.

그러나 신하들의 시선이 곱지만은 않았다. 주역의 계책이란 것이 국
란 극복에 별다른 도움이 되지도 않는데 선조가 거기에 매달린다고 비
판을 쏟아내는 신하들도 있었다. 주역을 강하는 자리에서 검토관을 맡

았던 정경세 같은 신하는 주역의 문구를 인용해 선조를 역으로 공격하기도 했다. 1595년 6월 10일의 《선조실록》 기사다.

> 정경세가 아뢰기를,
> "《역경》에, 일을 할 때는 처음에 잘 꾀하라고 했으니, 모든 일은 처음에 잘 꾀하지 않아선 안 됩니다. 행장行長이 철병한다면 앞으로 반드시 조처할 일이 많이 있을 것이니, 모름지기 이때에 대신과 상의하여 미리 정하는 것이 좋겠습니다. 만일 행장이 물러가서 통신사 보내기를 강요한다면 우리나라는 어떻게 처리하겠습니까? 저 적들은 바로 만세토록 불공대천의 원수이니, 이치상 다시 통신사를 보낼 수는 결코 없습니다. 지금 만약 통신사를 보낸다면 천지간에 어떻게 다시 얼굴을 들겠습니까?"

일본의 철수설이 나오면서 선조가 또다시 우유부단한 태도를 보이자 정경세는 주역을 강하는 자리에서 과거처럼 느슨하게 대처했다가 또 다른 환란을 초래하지 말라며 선조의 리더십을 우회적으로 비판한다.

인용된 문구는 주역의 천수송괘天水訟卦 상전에 나오는 말로 원문은 다음과 같다. '천여수天與水 위행違行 송訟 군자이君子以 작사모시作事謀始, 하늘과 물이 따로 놀아 소송이 발생하는 형상이니 군자는 이를 본받아 일을 함에 시초에 도모한다.' 천수송괘는 하늘을 상징하는 건괘가 위에 놓이고 물을 상징하는 감괘가 아래에 놓이는 괘다. 하늘은 위로 올라가는 성질이 있고 물은 아래로 내려가는 성질이 있으므로 각자가 제 갈 길을 가는 모양새다. 현실에서는 다툼의 양 당사자가 끝까지 자기주장을 굽히지 않아 결국 소송이 발생하는 형국이다. 그래서 송사할 송訟을 괘사로 썼다. 소송은 최악의 상황을 뜻한다. 이런 상황이 발생하지 않도록 하기 위해서는 일의 시초부터 세밀하게 잘 살피고 대비해야 한다. 그래서 작사모시作事謨始라고 했다.

더 뼈아픈 지적도 있었다. 1595년 5월 3일자《선조실록》에 따르면, 사간원에서는 선조에게 상소문을 올려 이렇게 말했다.

> 변란이 발생한 뒤로 곤궁한 형세와 위급한 일이 날마다 심해져 나라를 다스리는 법과 적을 토벌하는 대책을 어찌할 수 없다고 하여 포기하고 오직 적이 스스로 물러갈 날만 기다리고 있으니, 이것은 마치 큰 병에 걸린 사람이 의사를 구하고 약을 물을 생각은 하지 않고, 오직 명이 하늘에 달려 있는 것만 믿고 있는 것과 같습니다. 이것은 앉아서 죽음을 기다리는 데에 귀결될 뿐이니 어찌 가슴 아프지 않겠습니까. (중략) 어떤 자는 전하께서 날마다《주역》을 강하시는 것을 가지고 적을 토벌하는 계책에 아무런 도움이 없다 하여 그림의 떡에 비유하기까지 하였습니다.

주역의 가르침이 아무리 심오해도 현실에서 그것을 실천하려는 의지가 동반되지 않으면 무용지물이다. 임진왜란이 발발하기 9년 전 율곡 이이가 십만양병설을 주장했지만 선조는 상황의 심각성을 깨닫지 못한 채 안일한 자세로 일관했다. 국제 정세를 제대로 읽지 못했으며 그 결과 국력이 급부상하고 있던 일본과 적극적으로 교린하려는 생각을 하지도 못했다. 도요토미 히데요시의 거듭된 요청에 마지못해 통신사를 파견했지만 적의 상황이나 살피려는 기회주의적 방책에 지나지 않았다. 그러다가 정작 왜적이 쳐들어오자 자신부터 살겠다고 경복궁을 버리고 피난

길에 오른 임금에 대한 백성들의 분노는 극에 달했다. 경복궁에 불을 지르고 울부짖으면서 임금의 가마를 가로막았다. 뜻있는 신하들의 생각도 다르지 않았다. 사간원의 위 상소문은 그런 조정의 분위기를 대변하는 것이었다. 신하들은 국난을 당한 후 가만히 앉아 주역이나 읽고 있는 선조를 요행수나 바라는 무능한 군주라고 준엄하게 꾸짖었다.

낮에 시장을 열어
천하의 백성을
모이게 한다

기대승은 어려서부터 재주가 특출하여 문학과 서예에 이름을 떨쳤다. 독학으로 고금의 학문에 통달했고 특히 주자학에 조예가 깊었다. 사단칠정四端七情을 화두로 스승인 퇴계 이황과 12년 동안 서한을 주고받으면서 논쟁을 벌였는데 이 논쟁은 조선 중기 유학 사상에 지대한 영향을 미쳤다. 기대승은 이황의 이기이원론理氣二元論에 반대하면서 "사단칠정이 모두 다 정情이다"라고 하여 주정설主情說을 주장했다. 명종 때 처음 관직에 진출한 후 부침을 겪다가 선조가 즉위한 후 성균관 대사성에 임명되었다. 기대승은 정치적 식견이 탁월해 명종과 선조 양대에 걸쳐 임금의 경연 강론을 주도했다. 국정 운영에서 이재양민理財養民을 특히 강조했는데 실록의 기록을 통해서도 그의 이러한 국정 철학을 엿볼 수 있다. 1568년 12월 19일 《선조실록》 기사다.

기대승이 아뢰기를,

"전교에 '백성에게 해를 끼치며 취렴하는 것은 해서는 안 된다'고 하셨는데 이 말씀을 듣고 보니 매우 감격스럽습니다. 백성들에게 과중한 조세를 거두어들이면 국가의 근본이 먼저 손상되니 이러한 일은 참으로 해서는 안 되는 것입니다. 그러나 후세의 임금은 이러한 줄을 모르고서 우선 눈앞에 닥친 일만을 급하게 여겨 함부로 백성들에게 거두어들이는 것을 보통으로 여기는데, 전교의 말씀이 이와 같으니 그야말로 생민들의 복입니다. (중략) 미열한 소신의 생각에 항상 깊이 걱정되는 것은 어느 날 갑자기 국가의 저축이 고갈되어 지탱하여 나갈 수 없게 된다면 과중한 조세를 거두어들이지 않으려고 하더라도 어쩔 수 없을 것입니다. 반드시 이러한 것을 미리 알아 헛된 비용을 줄여야 구제할 수 있는데 세상 사람은 대수롭지 않게 여겨 무심히 보아 넘기고 간혹 걱정하는 이가 있기는 하나 그처럼 절박한 것인 줄은 모릅니다. 식량은 백성에게 가장 소중한 것으로서 홍범팔정洪範八政에 첫째로 식食을 말하였고, 《주역》에도 '무엇으로 인민을 모이게 하는가. 재물로써 한다' 하였습니다. 하루도 식량이 없어서는 안 되는데 일시에 고갈된다면 아무리 백성에게 해를 끼치지 않으려고 한들 되겠습니까. 견감하는 등의 일이 조정에서 아무리 호령을 하더라도 모두 허사로 돌아갈 것입니다."

기대승의 말에 인용된 문구는 주역의 택지췌괘澤地萃卦 서괘전序卦傳에 나오는 대목으로 원문은 다음과 같다. '물상우이후취物相遇而後聚 고수지이췌故受之以萃 췌자취야萃者聚也, 물건은 서로 만난 뒤에 모인다. 그래서 췌괘로 받은 것이며 췌란 모이는 것이다.' 국가 공동체는 재화의 거래를 원활하게 하기 위한 일종의 시장이라는 취지다. 그래서 기대승은 재물로써 백성을 모이게 한다고 했다. 택지췌괘는 연못을 상징하는 태괘가 위에 놓이고 땅을 상징하는 곤괘가 아래에 놓이는 괘로 땅 위의 연못에 물이 고이듯이 사람과 재물이 모인다는 의미를 갖고 있다. 서괘전은 공자가 주역 64괘의 배열 순서와 그 의미를 쉽게 해설한 것으로 단전象傳, 상전象傳, 계사전繫辭傳, 문언전文言傳, 설괘전說卦傳, 잡괘전雜卦傳 등과 함께 주역 십익十翼으로 불린다.

주역의 화뢰서합괘火雷噬嗑卦도 상거래의 원리를 상징하는 괘로 실록에서 자주 인용된다. 함께 살펴보자. 1597년 5월 27일의《선조실록》기사다.

> 윤돈이《주역》을 진강하였는데, 서합괘噬嗑卦의 서괘序卦로부터 괘사卦辭를 해석하고는 그 대문大文을 재차 읽고 해석하였다. (중략) 상이 이르기를,
> "왜 서합이라 하였는가?"
> 하자, 윤돈이 아뢰기를,
> "그 뜻을 선유들은 '가까이 사람의 몸에서 취한 것이다'라고 말했습니다. 계사繫辭에는 '낮에 시장을 열어 천하의 백성을 모이게 하고 천하의 물화物貨를 모이게 하여 교역을 하고 돌아가게 하는 것이 모두 서합괘에서 얻은 것이다'라고 하였습니다. 서합괘는 상괘는 이괘이고 하괘는 진괘이니, 이離는 태양이 한가운데 있는 상象이고 진震은 움직이는 상입니다. 상괘는 밝고 하괘는 움직이는 까닭에 한낮에 시장을 여는 것은 서합괘에서 얻은 것이라 한 것입니다."

시강을 맡은 윤돈은 홍문관 전한典翰으로 주역에 밝은 인물이었다. 선조는 주역의 1괘부터 64괘까지 차례대로 강연의 주제로 올려 공부했는데 궁금한 것이 있으면 그냥 넘기지 않고 그 뜻이 명확해질 때까지 질의 응답식 토론을 했다. 위에 나오는 실록의 기사도 그런 장면 중 하나다. 화뢰서합괘는 불을 상징하는 이괘가 위에 놓이고 우레를 상징하는 진괘가 아래에 놓이는 괘로 우레가 번쩍하고 칠 때와 같이 밝고 투명한 세상을 의미한다. 서합은 입을 깨물어 음식을 씹는 모양을 나타내는데 음식을 고르게 씹어 신체의 영양분으로 삼듯이 재화를 투명하게 유통해서 백성들과 나라를 이롭게 한다는 뜻을 갖고 있다. 달러나 마약 등이 비밀리에 거래되는 시장을 암시장이라고 하는 것에서 알 수 있듯이 정상적인 시장의 기본 조건은 투명한 거래다. 그래서 윤돈은 한낮에 시장을 여는 것을 서합괘에서 취했다고 말한다.

3

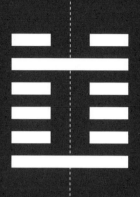

숙종

주역으로 세력
균형을 꾀하다

거친 것을 품에 안고
맨몸으로
강을 건넌다

이식은 자기 색깔이 뚜렷한 선비였다. 광해군 시절 별시문과에 급제해 선전관까지 지냈지만 폐모론이 일어나자 사임하고 경기도 지평으로 낙향하여 택풍당澤風堂을 짓고 오직 학문에만 전념했다. 광해군이 그를 수차에 걸쳐 불렀지만 이식은 끝까지 고사했다. 화가 난 광해군은 왕명을 거부한 죄를 물어 이식을 투옥하기도 했다.

인조반정 후 요직에 발탁되어 대사간을 세 차례나 역임했으며 척화파의 대표적 인물로 1642년 김상헌과 함께 심양으로 끌려갔다가 극적으로 탈출, 조선으로 돌아왔다. 그 후 대사헌, 이조판서, 예조판서 등의 고위직을 두루 역임했으나 1646년 별시관으로 출제했던 과거 시험의 시제에 역의가 있다고 하여 관직이 삭탈되었다. 정삼품의 품계로서 문형의 자리에 발탁될 정도로 문명이 높았으며, 신흠·이정구·장유와 함께 한문사대가로 꼽힌다. 주역에도 조예가 깊었는데 택풍당이라는 향리의 정자도 주역의 괘에서 따왔다. 이식의 아들 이단하가 숙종에게 올린 상소문에 그 유래가 소개되어 있다. 1680년 8월 14일 《숙종실록》의 기사다.

공조참판 이단하가 상소하기를,

"신의 아비 이식은 당론이 생기는 세상에 당론을 말하지 아니하고, 《주역》 대과괘大過卦의 뜻을 취하여 서각을 지어서 '택풍각澤風閣'이라고 편액을 달고 '홀로 서지만 두려워하지 아니하고, 세상을 피해 살지만 번민하지 않는다. 독립불구獨立不懼 돈세불민遯世不悶'이라는 여덟 글자를 벽에 걸었습니다. 그러나 대과괘大過卦에서 홀로 서는 것은 군자의 상도가 아니니, 비록 부자라고 하더라도 세전할 수가 없습니다. 만약 이러한 도리를 변화시켜서 대신하고자 한다면 태괘泰卦의 뜻을 두고서 무엇을 따르겠습니까? 태괘泰卦의 구이九二에 이르기를 황예荒穢한 것을 포용包容하여 황하黃河를 건너며, 먼 곳까지 버리지 아니하고 붕비朋比를 가까이하지 않는다'고 하였는데, 신이 용렬하여 이런 지경에 미치지는 못할 것입니다. 그러나 일세의 군자를 따라서 이러한 도리를 강론하고자 하는 것이 신의 지극한 소원입니다. 신은 이미 선부의 재학이 없는데도 아비의 문직을 이어받았으나 곧 낭패를 당하였으며, 지금 또 아비의 사관 직임을 이어받았지만, 능히 성취하지 못하여 거듭 세상의 욕과 비웃음을 받으니, 일을 맡는 것이 적당치 않다는 것을 알 만합니다."

이단하는 자신의 부친 이식이 주역 대과괘에서 서각의 이름을 따와 택풍각이라 지었다고 말하고 있다. 택풍대과괘澤風大過卦는 연못을 상징하는 태괘가 위에 놓이고 바람을 상징하는 손괘가 아래에 놓이는 모양이다. 주역에서 바람은 나무를 뜻하기도 한다. 그래서 택풍대과괘는 연못에 잠긴 나무처럼 지나치게 물을 많이 머금어 과유불급에 이른 상황을 상징한다. 물을 적당히 머금은 나무는 생장을 지속하지만 물에 완전히 잠긴 나무는 더 이상 생장할 수 없다. 이것은 크게 잘못된 형국이다. 큰 허물을 뜻하는 대과大過를 괘사로 쓴 것은 그 때문이다. 이식은 권력에 대한 욕망이 지나치면 큰 허물을 남길 수 있다고 봤다. 그래서 벼슬을 내려놓고 낙향한 후 주역의 가르침대로 살기 위해 서각의 이름을 택풍각이라 짓고 스스로 경계를 삼고자 했다. '홀로 서지만 두려워하지 아니하고, 세상을 피해 살지만 번민하지 않는다. 독립불구獨立不懼 돈세불민遯世不悶'이라는 여덟 글자를 택풍각의 벽에다 건 것도 그러한 주역의 가르침을 한시도 잊지 않으려는 의지의 표현이었다.

　이단하가 두 번째로 인용한 문구는 주역 지천태괘地天泰卦 구이 효사에 나오는 대목으로 원문은 다음과 같다. '포황용빙하包荒用憑河 불하유붕망不遐遺朋亡, 거친 것을 품에 안고 맨몸으로 강을 건넌다. 먼 곳까지 버리지 아니하고 친구를 잊는다.' 지천태괘는 땅을 상징하는 곤괘가 위에 놓이고 하늘을 상징하는 건괘가 아래에 놓이는 괘로 태평성대를 뜻한다. 하늘의 제자리는 위이고 땅의 제자리는 아래다. 그래서 언뜻 생각할 때 이 괘는 상하가 뒤집힌 어지러운 세상을 상징한다고 생각하기 쉬운데 주역에서는 거꾸로 해석한다. 하늘이 겸양지덕을 발휘해 아래에 처하고 땅을 높여 위에 처하게 하면 완벽한 소통이 가능해지므로 세상이 태평해진다고 본다. 구이 효사에서는 그러한 태평성세를 이루기 위해 임금이 갖추어야 하는 덕목으로 포용력과 결단력, 초당파적 인재 등용을 꼽고 있다. 거친 것을 품에 안는다는 말은 자신의 반대 세력까지도 포용한다는 뜻이고, 맨몸으로 강을 건넌다는 말은 상황을 돌파하기 위한 단호한 의지와 결단력을 뜻한다. 그리고 먼 곳까지 버리지 아니하고 친구를 잊는다는 것은 당파적 이해관계를 초월한다는 뜻이다. 이단하는 사색당파에 얽매여 국정 난맥상을 초래하고 있는 숙종에게 주역의 문구를 인용해 포용적 리더십과 결단력, 초당적 인재 등용을 주문하고 있다. 자신에게 내린 벼슬을 사양하면서까지 임금에게 할 말을 하는 이단하의 상소문에서는 꼿꼿한 선비의 지조가 엿보인다. 그 아비에 그 아들이다.

"돈후하기가 이단하와 같고 결백하고 소박하기가 김만중과 같으면, 비록 옛날의 명신名臣일지라도 이보다 나을 수 없다."《숙종실록》에 기록된 이단하의 졸기에 나오는 구절이다. 이단하는 앞서 본 이식의 아들이고, 김만중은《구운몽》,《사씨남정기》등의 한글 소설로 유명한 서포 김만중이다. 졸기의 내용처럼 김만중은 성품이 매우 곧고 질박했다. 이단하와 마찬가지로 임금 앞에서도 소신을 굽히지 않다가 파직을 자초하기도 했다. 1675년 윤5월 26일《숙종실록》의 기사다.

> 승지 김만중이 말하기를,
> "신은 듣자오니, 윤휴가 성상께 '《논어》의 주註를 읽을 것이 없으며 대문大文도 또한 많이 읽을 것이 못 되고 다만 수십 번만 읽으면 된다'고 청하였다 하니, 그 말은 마땅하지 못합니다. 대문大文은 성인의 경經이고 주註는 현인의 전傳이니, 성인과 현인이 한 것은 모두 간격이 없습니다. 또 주註는 곧 경을 해석한 글이니, 주를 읽지 않고서 어떻게 경의 뜻을 찾아 알겠습니까?《주역》으로써 말하더라도 복희씨가 괘를 그었고 문왕과 주

공이 단을 썼는데, 획은 경이 되고 단은 주가 되는 것입니다. 그리고 공자가 또 십익十翼을 지었습니다. 그러니 후인으로서는 세 성인의 말씀에 경하고 중함이 있다고 할 수 없습니다"

하니, 임금이 얼굴에 노기를 띠고 답하지 않았다. 김만중이 또 말하기를, "낮 사이에 두 유생의 상소가 있었는데, 이구석의 소에는 '선왕의 행장을 고쳐 지어야 한다'고 청하였습니다. 이렇게 막대한 일을 그가 감히 말하였으니, 이는 매우 미안합니다. 그리고 또 당론과 사화의 일을 말하면서 선조조와 효종조를 광해의 시대와 나란히 일컬어서 같이 다루었으니, 어찌 감히 두 조정을 혼조昏朝에 비긴단 말입니까?"

하니, 임금이 노해서 꾸짖으며 말하기를, "이구석의 소를 취하고 취하지 않는 것은 나에게 달려 있다. 그대가 어찌 감히 말하는가? 당론의 습성을 아직도 버리지 아니하였는가?"

하였다. 김만중이 미동도 하지 않고 또 말하기를 (중략) 임금이 김만중을 암담하다 하여 드디어 파직을 명했다.

김만중은 논어를 경시하는 발언을 한 윤휴를 비판하는 과정에서 주역이 형성된 연원에 대해 간략하게 말하고 있다. 주역은 김만중의 말처럼 복희씨가 괘를 그음으로써 시작되었다. 복희씨는 신화 시대의 인물이다. 농경사회가 정착되기 전 유목 생활을 하던 때 사람들에게 가장 필요한 것은 자연의 규칙성을 파악하고 이해하는 것이었다. 일출과 풍수, 천둥번개 등에 대한 지식과 정보가 있어야 삶을 안전하게 영위할 수 있었기 때문이다. 사람들의 이러한 필요를 충족시키기 위해 복희씨는 하늘과 땅, 물과 불, 산과 연못, 바람과 우레 등 여덟 가지 자연현상을 기호로 그렸고 그것을 통해 사람들에게 자연현상에 대한 정보와 지식을 전수했다. 복희씨가 그린 여덟 가지 기호가 오늘날 우리가 알고 있는 8괘인데, 8괘는 하늘을 상징하는 건괘와 땅을 상징하는 곤괘, 물을 상징하는 감괘와 불을 상징하는 이괘, 산을 상징하는 간괘(☶)와 연못을 상징하는 태괘, 바람을 상징하는 손괘와 우레를 상징하는 진괘 등 여덟 가지로 이루어져 있다. 8괘를 차례로 교차해서 아래위에 배열하면 총 64가지의 복합複合괘가 그려지는데 이것을 64괘라 한다. 농경 생활이 정착된 후 통일국가로 발전한 주나라의 문왕과 주공은 복희씨가 그린 괘에 의미를 부여했는데 이것을 단彖이라고 한다. 단은 기호로 된 괘의 의미를 추론, 서술, 판단한다는 뜻을 갖고 있다. 춘추전국시대에 이르러 공자는 이를 집대성한 십익(단전 상·하, 상전 상·하, 계사전 상·하, 문언전, 설괘전, 서괘전, 잡괘전)을 지어 주역의 사상적 체계를 완성시켰다.

　김만중은 유교와 불교, 도교, 주역 등에 두루 통달했다. 《구운몽》이나 《사씨남정기》 등에서도 읽을 수 있듯이 김만중의 사고는 무척 자유분방했다. 당시 주류이던 송시열의 교조주의적 주자학에 얽매이지 않았으며 유불선의 경계를 자유롭게 넘나들었다. 한문을 타국지언他國之言이라 부르면서 한글 문학을 주창할 수 있었던 것도 그러한 배경 때문이다. 하지만 정치적으로는 당파적 이해관계로부터 자유롭지 못했다. 그의 증조부 김장생이 서인의 영수 송시열의 스승이었던 인연으로 김만중은 조정에서 서인을 대변했다. 위의 실록 기록도 김만중이 남인들로부터 탄핵을 당하고 있던 송시열을 변호하는 과정에서 나온 것이다. 숙종은 김만중의 발언이 당파적 이해관계에 치우쳤다며 그를 파직한다.

나라를 열고
집을 계승할 때는
소인을 쓰지 마라

서인은 숙종조에 이르러 노론과 소론으로 분열된다. 노론은 송시열을
따르는 주류가 중심이 되었고 소론은 윤휴·윤선거·윤증 등으로 이어지
는 서인의 비주류가 주축이 되었다. 병자호란 당시 윤휴는 보은으로 피
난을 가 있었다. 그곳에서 송시열을 만나 인조가 삼전도의 굴욕과 함께
항복했다는 소식을 들었다. 윤휴는 대성통곡하면서 당분간 벼슬을 하지
않겠으며, 좋은 때를 만나 다시 벼슬에 나가도 그날의 치욕을 결코 잊지
않겠다고 다짐했다. 송시열은 '윤휴와 만나 3일간 토론하고 나니, 내가
30년 독서한 것이 참으로 가소롭게 느껴졌다'며 윤휴를 높이 평가했다.

　윤휴는 송시열보다 더 적극적인 북벌론자였다. 송시열은 북벌에 관한
원칙을 강조하면서도 현실에서는 대체로 관망하는 편이었지만 재야에
있던 윤휴는 직접적인 군사 행동으로 북벌을 추진해야 한다고 주장했
다. 1674년에는 청나라에서 일어난 삼번의 난을 틈타 조선의 정예부대

1만 명을 북경에 파견해야 한다는 상소문을 올리기도 했다.

　북벌을 꿈꾸던 효종이 죽고 뒤를 이어 현종이 즉위한 후 자의대비(인조의 계비)의 복상 문제가 조정의 가장 큰 이슈로 떠올랐다. 이른바 예송논쟁이다. 일반적인 상례로 볼 때 아들이 먼저 죽을 경우 어머니는 장남의 경우 3년, 차남의 경우 1년간 상복을 입는 것이 원칙이었다. 서인은 효종이 인조의 차남(장남은 소현세자)이었기 때문에 자의대비가 1년간 상복을 입어야 한다고 주장했다. 하지만 남인은 효종이 왕위를 계승했기 때문에 장자로 봐야 하며 그에 따라 자의대비가 3년간 상복을 입어야 한다고 주장했다. 그러자 서인은 장자와 차자 구분 없이 1년으로 한다는 《경국대전》의 규정을 내세워 1차 예송논쟁을 승리로 이끈다. 윤휴는 이때 남인의 편에서 3년설을 주장했다. 이때부터 송시열과 윤휴의 사이는 벌어진다.

　효종의 비가 죽은 후 벌어진 2차 예송논쟁에서는 남인이 서인에게 승리를 거둔다. 그 과정에서 윤휴는 송시열을 엄벌에 처해야 한다고 주장했고, 둘 사이는 돌아올 수 없는 다리를 건넌다. 윤휴는 숙종 즉위와 함께 남인이 득세하자 오랜 재야 생활을 청산하고 벼슬에 오른다. 서인에 속한 인사들과 주로 교분을 나누었지만 정작 남인의 집권기에 조정에 나온 것이다. 대사헌과 판서를 거쳐 우찬성에 올랐지만 경신환국으로 남인이 실각하고 서인이 다시 집권하면서 윤휴는 위기에 몰린다. 송시열은 윤휴의 처리를 묻는 서인 민정중의 편지에 '풀을 제거하려면 반드시 뿌리를 뽑아야 한다'며 엄벌 사인을 내렸다. 2차 예송논쟁 당시 윤휴가 자신에게 취했던 강경론에 대한 복수였다. 결국 윤휴는 사약을 받는다. 송시열의 윤휴에 대한 앙금이 얼마나 깊었는지는 실록의 기록을 통해서도 확인된다. 1694년 윤5월 11일《숙종실록》의 기사다.

(송시열의) 상소가 다 쓰여졌지만 미처 올리지 못하고 제주濟州로 귀양을
가게 되었다. 나포拿捕되어 바다를 건너갈 때 병이 심하여 서울에 도착하
지 못하게 될까 염려하여 유소遺疏를 썼는데, 이르기를,
"신은 통분하고 억울한 심정을 끝내 궐하에 나아가 호소하지 못한 것이
한스러워 감히 망극한 죄를 잊고 이렇게 진소할 생각을 하게 되었습니
다. 물론 틀림없이 논하는 자들이 한층 더 중한 죄안으로 삼을 줄 알고 있
습니다. 신의 통분하고 억울하다는 것은 무엇이겠습니까? (중략) 신은 경
신년 이후로 자신이 더욱 불안하여 비록 여중 요순의 언찰로 만류하셨으
나 오히려 감히 조정에 편안히 있을 수가 없었으니 그것은 윤휴의 여당餘
黨이 곁에서 노리고 있었기 때문입니다."
(중략) 송시열의 아들 전 군수 송기태가 상소하여 올리니, 임금이 답하기
를,
"내가 글을 잡고서 마음이 아프고 슬퍼할 뿐이다. 생각하건대, 소인이 어
질고 바른 사람을 해침이 어느 시대인들 없으리오마는, 기사년처럼 참혹
한 적은 없었을 것이다. 사정邪正의 분간이 여기서 판가름 나는 것이니,
《주역》에 말한 바 '나라를 세우고 집을 계승할 적에 소인은 쓰지 말라'는
말이 어찌 참말이 아니겠느냐. 이에 마음을 털어놓아 나의 지극한 뜻을
알리노라."

숙종은 환국 정치의 달인이다. 서인의 세력이 커지면 판을 뒤집어 남
인을 등용하고, 남인이 커지면 또다시 판을 뒤집어 서인을 중용했다. 숙

종은 1689년 기사년 장희빈의 아들을 원자로 삼는 것에 반대하는 서인을 실각시킨다. 이른바 기사환국이다. 이때 송시열은 제주에 귀양을 갔다가 돌아오는 길에 사약을 받는다. 그러나 숙종은 5년 후 장희재의 뇌물 사건과 장희빈의 패악을 빌미로 또다시 판을 뒤집어 서인을 중용한다. 이때 송시열의 아들 송기태는 그 옛날 자신의 부친이 효종에게 올린 상소문을 첨부해 숙종에게 탄원서를 올린다. 숙종은 송시열을 만고의 충신으로 부르면서 기사년 자신의 일 처리가 잘못되었다고 한탄한다. 윤휴를 포함한 남인은 졸지에 소인으로 전락한다.

숙종이 언급한 주역의 구절은 지수사괘地水師卦 상육 효사에 나오는 대목으로 원문은 다음과 같다. '대군大君 유명有命 개국승가開國承家 소인물용小人勿用, 큰 위업을 달성한 임금에게는 명이 있으니 나라를 열고 집안을 이어가는 데 소인을 쓰지 말라.' 지수사괘는 땅을 상징하는 곤괘가 위에 놓이고 물을 상징하는 감괘가 아래에 놓이는 모양으로 지하를 흐르는 물처럼 방향성이 없는 군중을 일사분란하게 통솔하는 뛰어난 지도자를 상징한다. 그래서 스승 사師를 괘사로 썼다. 목표를 달성하기 위해서는 아량이 좁은 소인을 곁에 두지 말아야 한다. 그래서 소인물용이라고 했다. 소인물용은《조선왕조실록》에 가장 빈번하게 등장하는 주역의 구절 중 하나다. 숙종은 송시열을 뛰어난 선비로 치켜세우고 그와 대립했던 윤휴와 남인을 소인으로 규정하고 있다.

비가 내리니
돼지가 뒤집어쓰고 있던
진흙이 씻긴다

윤선거도 송시열과 대립각을 세웠던 대표적 인물이다. 윤선거는 윤휴와 마찬가지로 초반기에는 송시열과 호형호제할 정도로 가깝게 지냈지만 예송논쟁을 거치면서 틈이 벌어져 앙숙이 되었다. 성균관 유생 시절 후금이 파견한 사신의 목을 베고 화의를 거부해야 한다는 상소를 올릴 정도로 윤선거는 성품이 강직했다. 병자호란이 발생하자 어머니, 부인 등과 함께 강화도로 피신했는데 그곳에서 윤선거는 권순장, 김익겸, 김상용 등과 함께 순절하기로 다짐했다. 이듬해 1월 실제로 이들 세 사람과 윤선거의 부인은 순절했지만 윤선거는 마지막 순간 남한산성에 고립되어 있던 아버지와 함께 순절하기로 마음을 바꿨다. 하지만 그마저도 여의치 않아 결행하지 못했다. 조정 안팎에서 비난의 화살이 쏟아지자 윤선거는 벼슬을 내려놓고 낙향해 재야의 선비로 활동한다.

윤선거는 죽기 전 송시열에게 보내는 편지 한 통을 썼다. 편지에서 윤선거는 윤휴를 사문난적으로 규정한 송시열의 경직된 태도를 비판했다. 이 편지는 윤선거의 아들 윤증이 송시열에게 아버지의 묘비명을 부탁하면서 알려졌다. 윤증은 송시열의 제자였고 송시열도 그를 아꼈다. 하지만 송시열은 윤휴를 옹호한 윤선거를 탐탁지 않게 여겼고 부탁받은 묘비명을 성의 없이 써주었다. 묘비명에서 송시열은 병자호란 당시 순절하기로 결의한 후 혼자 강화도를 빠져나간 윤선거의 아픈 과거를 건드렸고 윤증은 이때부터 송시열과 사제지간의 인연을 끊었다. 윤증은 송시열을 의義와 이利, 왕도 정치와 패도 정치를 동시에 추구하는 용렬한 선비라고 비난했다. 이로 인해 조정 내에서는 윤증을 옹호하는 선비들과 송시열을 옹호하는 선비들로 두 동강 났고 이는 서인이 노론과 소론으로 갈라지는 결정적인 계기가 됐다. 1684년 8월 21일의《숙종실록》에는 당시 상황이 생생하게 기록되어 있다. 원문이 워낙 길기 때문에 주역과 관련된 에피소드가 등장하는 부분만 발췌해 소개한다.

송시열이 윤증에게 글을 보내기를,
"끝내 의혹을 풀 수가 없다면 주자가 말한 것과 같이 의를 좇아서 절교를 고해야 마땅할 것이네"
하였는데, 윤증이 답하기를,
"오늘에 이르러 망령된 소견으로는 본원의 바탕에 의심을 면하지 못하겠습니다"
하였다. 송시열이 다시 회답하기를,
"통박하고, 통각하다고 하였으니, 이는 부형의 원수로 본 것이네. '반드시 보복한다'는 것과는 차이가 있다 하나, 의를 좇아서 절교를 고하는 것은 결코 그만둘 수가 없는 것이네"

하였는데, 윤증이 또다시 회답하기를,

"윤휴의 일에 이르러서는 문하께서 또 이를 제기하시리라고는 헤아리지 못하였습니다. '이미 의혹을 풀었다'고 하지 아니하셨습니까? 하물며 그 사람이 죄로 죽은 뒤에 무엇을 다시 논할 것이 있겠습니까? '부호扶護한다'고 하신 데 이르러서는 역시 '귀신을 실은 수레'입니다."

윤선거의 묘비명을 송시열이 성의 없이 써주자 윤증은 정리상 그럴 수 없다며 수정해줄 것을 요구했다. 하지만 송시열은 자구를 고치는 시늉만 했다. 그것이 윤증을 더 자극했다. 압축해서 인용한 실록의 기사에서도 알 수 있듯이 두 사람의 편지글은 논쟁의 차원을 넘어 감정적으로 치달았다. 송시열은 대화로 간극을 좁힐 수 없다면 절교할 수밖에 없다고 했고 윤증은 송시열의 학문을 근본적으로 불신한다며 응수했다. 송시열이 어투를 문제 삼아 윤증이 자신을 부친의 원수로 여긴다고 하자 윤증은 윤휴와 자신의 부친을 엮은 것은 근거 없는 오해에서 비롯되었다고 반론한다. '부호扶護한다'는 문장은 윤선거가 사문난적으로 규정된 윤휴와 서로 죽이 맞아 짝짜꿍을 한다는 부정적인 의미로 쓰였다. 이에 윤증은 주역을 인용해 송시열의 주장이 터무니없는 모함이라고 주장하고 있다.

귀신을 실은 수레라는 문장은 주역의 화택규괘火澤睽卦 상육 효사에 나오는 구절로 원문은 다음과 같다. '규고睽孤 견시부도見豕負塗 재귀일거載鬼一車 선장지호先張之弧 후탈지호後說之弧 비구匪寇 혼구婚媾 왕우우往遇雨 즉길則吉, 규가 외로우니 진흙을 뒤집어쓴 돼지를 보는데 수레에 귀신이 실렸다. 화살을 장전하다가 다시 푼다. 도둑이 아니라 혼인을 요청하러 온 것이다. 돌아가 비를 만나니 길하다.' 화택규괘는 불을 상징하는 이괘가 위에 놓이고 연못을 상징하는 태괘가 아래에 놓이는 모양이다. 불은 위로 향하고 연못은 아래에 머무르니 일이 꼬이거나 서로 어긋나는 상황을 상징한다. 그래서 사팔뜨기 규睽를 괘사로 썼다. 진흙을 뒤집어쓴 돼지나 귀신을 실은 수레는 현상을 올바로 직시하지 못하고 비뚤게 봄으로써 상대를 오해하는 것을 의미한다. 활을 장전했다가 다시 풀었다는 것은 오해가 풀렸다는 뜻이다. 처음에는 도둑인 줄 알았는데 알고 보니 청혼하러 온 상황이다. 그래서 오해를 푼다. 돌아가는 길에 비를 만나니 돼지가 뒤집어쓰고 있던 진흙이 말끔하게 씻겨 내려간다. 수레에 실린 귀신도 자취를 감춘다. 희미하게 어긋나 보이던 진실이 똑바로 보이고 오해가 풀린다. 그래서 길하다고 했다.

윤증과 송시열은 끝까지 오해를 풀지 못했다. 상대에 대한 삐딱한 시선을 거두지 않았기 때문에 서로를 도둑으로 오해한 채 장전한 화살을 풀지 않았다. 서로가 뒤집어쓰고 있는 진흙을 씻어줄 비라도 만났더라면 수레에 실린 것이 귀신이 아니었음을 깨달았을 텐데 눈을 씻고 역사를 살펴봐도 그들이 그런 비를 만났다는 기록은 없다.

군자가 뜻을 한번 세우면
그 방향을
바꾸지 않는다

조선왕조 국왕들에게는 용사출척권用捨黜陟權이라는 고유한 권한이 있었다. 신하들을 자유롭게 쓰고, 버리고, 내치고, 나오게 할 수 있는 포괄적인 인사권이다. 왕들은 이 권한으로 정국을 자기가 원하는 방향으로 끌고 갈 수 있었는데 이를 가장 잘 활용한 임금이 숙종이었다. 앞서 송시열과 윤휴, 윤증 등의 대립에서 보았듯이 사색당파가 본격적으로 분화하기 시작한 숙종 시절에는 정치적 입장 차이에 따른 조정 신하들 간의 긴장과 갈등이 최고조에 이르렀다. 자칫 잘못하면 임금이 신하들에게 휘둘려 리더십에 상처를 입을 수도 있었다. 하지만 숙종은 뛰어난 정치력으로 이러한 갈등을 능란하게 관리하고 조정해나갔다. 이때 숙종이 활용한 수단이 바로 환국 정치였다. 숙종은 환국 정치를 통해 신하들 간에 세력 균형을 이루는 한편 정국을 주도적으로 이끌어나갔다. 요즘 말로 하자면 숙종은 국면 전환의 달인이었다.

숙종의 즉위(1674년) 초기에는 남인들이 득세했다. 서인과의 두 번째 예송논쟁에서 승리한 남인들은 훈련대장, 총융사, 수어사 등을 비롯한 조정의 요직들을 틀어쥐었다. 남인 쪽으로 세력이 지나치게 쏠리자 숙종은 1680년 첫 번째 환국 카드를 꺼내 든다. 이른바 경신환국. 숙종은 남인의 리더였던 허적이 집안 잔칫날 유악(비가 새지 않도록 기름을 칠한 천막)을 사전 허가도 없이 궁궐 밖으로 방출시켰다며 그를 비롯한 남인 세력을 일거에 내치고 서인을 대거 등용했다.

그로부터 9년 후인 1689년, 서인 쪽으로 세력이 쏠리자 숙종은 두 번째 환국 정치의 카드를 꺼내 든다. 앞서도 살펴보았던 이른바 기사환국이다. 숙종의 첫 번째 부인과 두 번째 부인(인현왕후)은 모두 서인 노론 쪽 가문 출신이었다. 하지만 그들은 둘 다 아들을 낳지 못했다. 숙종의 첫 번째 아들을 낳은 여인은 소의 장씨였다. 숙종은 장씨가 낳은 아이를 원자로 삼았으며 장씨를 빈으로 격상시켰는데 이 여인이 바로 사극에 단골로 나오는 장희빈이다. 장희빈은 남인과 가까웠던 인물로 송시열을 비롯한 서인 노론 측 신하들은 숙종에게 반기를 들었다. 왕비인 인현왕후의 나이가 젊기 때문에 훗날 얼마든지 왕자를 생산할 수 있는데 후궁의 아들을 원자로 삼는 것은 예에 어긋난다는 것. 하지만 숙종은 이를 빌미로 집권 세력을 서인에서 남인으로 교체했다. 송시열은 이때 사사를 당한다. 그리고 한 걸음 더 나아가 숙종은 인현왕후를 궁궐에서 내쫓고 장희빈을 정식 국모로 앉힌다.

세 번째 환국은 갑술환국이다. 숙종은 남인의 세력이 커지자 이를 견제하기 위해 장희빈의 오빠 장희재의 뇌물 사건과 장씨의 거처였던 취선당에 설치되었던 신당 사건 등을 빌미로 기사환국 당시의 일들을 180

도 거꾸로 뒤집어버린다. 갑술환국으로 폐비되었던 인현왕후는 다시 중전으로 복귀하고 장희빈은 오빠와 함께 사사된다. 그리고 조정의 중심 세력은 다시 남인에서 서인으로 교체된다.

환국 정치는 양날의 검이다. 한쪽으로 쏠리는 신하들의 세력을 적절하게 통제하고 임금 자신이 정국의 주도권을 쥘 수 있다는 점에서 긍정적인 면이 있었지만 그 와중에 역량이 검증된 유능한 조정 대신들이 무더기로 숙청됨으로써 인재의 손실을 초래하기도 했다. 당시 조정의 신하들 가운데서도 이러한 숙종의 환국 정치를 비판하는 사람들이 있었는데 수찬 이진검이 대표적 인물이다. 1710년 8월 2일《숙종실록》기사를 보자.

> 수찬 이진검이 상소하기를,
> "전하께서는 국면을 변개하시는 즈음에, 한 사람이 거슬리면 반드시 한 편의 사람들을 모두 소탕하셔서 그 사이에 섞여 있지 못하게 하시고, 비록 지위가 보상에 있다 하더라도 한 마디 말이 적합하지 못하거나 한 가지 일이 뜻에 거슬리면 가볍게 물리쳐 단절하셔서, 일찍이 반년 동안이나마 위임하셨던 때가 없었으니, 전후에 대신으로서 전돈되지 않을 자가 몇 사람이나 됩니까? 오로지 이와 같으므로, 사람들이 모두 견고한 뜻이 없고, 조정을 마치 여관과 같이 보아서 한 사람도 사체를 펴서 나라 일을 담당하려는 이가 없습니다. (중략)《주역》에 이르기를, '그 덕을 항구히 지키지 못하면 혹 수치를 받을 것이다' 하였으니, 이것이 전하께서 매우 반성하셔야 할 곳입니다"

하였는데, 임금이 답하기를,

"소어를 가리지 않은 것이 많은데 억역 하지 않은 것이 없으며, 뜻을 굽혀 의망에 부응하였다는 말은 지극히 무엄하니, 임금에게 고하는 말이 어찌 감히 이와 같을 수 있겠는가?《주역》항괘恒卦 구삼九三에 이르기를, '그 덕德을 항구히 지키지 못하면 혹 수치를 당하게 될 것이다' 하였는데, 항괘의 상사에는 이르기를, '군자가 뜻을 한번 세우면 그 방향을 바꾸지 않는다'고 하였으니, 지금 네가 이를 끌어낸 것은 더욱 지극히 해괴하게 여길 만하다"

하였다. 이진검의 상소는 오로지 당론을 위하였으나, 군덕을 항구히 지키지 못하는 것을 논하여 말이 절실한 바가 많았고, 이로써 뜻을 거슬렀으니, 진실로 가상하게 여길 만하였다.

이진검은 성품이 강직하기로 소문난 신하였으며 아들 이광사와 함께 명필로 이름을 날렸다. 위 상소문에서도 보듯이 이진검은 단호하고 직설적으로 숙종의 환국 정치를 비판했다. 신하들을 잠깐씩 쓰다가 버리는 일이 반복되다 보니 신하들은 조정을 마치 여관처럼 여기고 성심을 다해 국가에 봉사하지 않는다고 일갈하는 대목은 표현이 다소 거칠어 보이지만 환국 정치의 부정적 측면을 정확하게 지적한 것이다. 이진검이 인용한 주역의 문구는 뇌풍항괘의 구삼 효사에 나오는 대목으로 원문은 다음과 같다. '불항기덕不恒其德 혹승지수或承之羞 정貞 린吝, 그 덕이 오래가지 않으면 혹 이어도 수치를 당한다. 곧으니 부끄럽다.' 뇌풍항괘는 우레를 상징하는 진괘가 위에 놓이고 바람을 상징하는 손괘가 아래에 놓이는 괘다. 벼락이 주기적으로 내리치고 바람이 꾸준히 불어대는 것처럼 어떤 일이 금세 그치지 않고 오래 지속된다는 의미를 갖는다. 그래서 항상 항恒을 괘사로 썼다. 이진검은 손바닥 뒤집듯이 국면을 쉽게 바꾸는 숙종의 환국 정치가 국정의 불안정을 가중하고 인재의 손실을 가져오며 결과적으로 임금에게 수치가 될 수 있다며 비판했다. 실제로 갑술환국이 일어난 해에 숙종은 기사환국 당시 자신의 경솔한 처신으로 송시열 같은 유능한 신하를 잃었다며 후회한 적이 있다. 주역의 가르침이 틀리지 않다.

하지만 숙종은 같은 항괘의 상전을 인용 후 반격을 가한다. 숙종이 인용한 대목의 원문은 다음과 같다. '뇌풍雷風 항恒 군자이君子以 입불역방立不易方, 우레와 바람이 항恒이니 군자는 이로써 뜻을 한번 세우면 그 방향을 바꾸지 않는다.' 자신의 환국 정치는 그 나름의 원칙과 방향성을 갖고 추진하는 것이므로 쉽게 바꿀 수 없다는 취지다. 숙종도 주역에 관심이 많았고 공부도 열심히 했다. 주역에 밝은 신하를 강연 담당 관리로 특채할 정도로 주역의 효용 가치를 높게 봤다. 그래서 이진검이 뇌풍항괘의 효사를 인용해 자신을 공격하자 같은 뇌풍항괘의 상전을 들이대며 상황을 완전히 뒤집어버린다. 역시 국면 전환의 달인답다. 하지만 사관이 기사의 말미에 이진검의 발언 취지를 긍정적으로 평가하고 숙종의 리더십을 은근히 비판하는 코멘트를 단 것으로 볼 때 당시 신하들 사이에서는 숙종의 환국 정치에 대한 부정적 시각이 많았음을 알 수 있다.

4

영조

주역으로
탕평을 이루다

묵묵히 이루어가면
말하지 않아도
믿는다

영조는 조선왕조 27명의 임금 가운데 최고로 장수했으며 재위 기간도 52년으로 가장 길다. 탕평책을 비롯해 업적에 대한 평가도 후한 편이지만 물리적 수명과 재임 기간만 놓고 보더라도 그가 얼마나 자기 관리를 잘했는지 알 수 있다.

영조는 숙종과 무수리 최씨 사이에서 태어나 신분이 미천했기 때문에 노론 유력자인 김창집의 집안에 양자로 갔다. 덕분에 숙종 말년 왕위 계승 문제가 표면화되어 입지가 흔들릴 때 노론의 보호를 받을 수 있었다. 하지만 양지가 있으면 음지도 있는 법, 영조는 경종이 즉위한 후 노론 때문에 절체절명의 위기에 빠지기도 했다. 신임사화로 노론이 대거 숙청될 당시 세제였던 영조의 처지는 바람 앞의 등불이었다. 처제를 비롯한 인척들이 역모에 휘말려 처형되고 영조 자신도 피의자의 공초에 오르내렸다. 여기에 김일경의 사주를 받은 환관 박상검 등의 방해로 궁궐 출입까지 막히면서 생명의 위협까지 느꼈다. 하지만 영조는 이때 과감하게 승부수를 던진다. 왕세제 자리를 걸고 이 문제를 쟁점화해 집권 소론으로 하여금 자신에게 적대 행위를 일삼던 환관과 궁녀들을 처형하게 한 것이다. 경종과 대비가 보호막이 되어준 것도 큰 힘이 되었다.

이러한 경험은 취임 초기 영조의 리더십 형성에 큰 영향을 미쳤다. 영조는 신하들과의 정면 대결을 피했고, 언행에도 신중을 기했다. 인사에 불만을 가지고 노골적으로 그를 비판하는 신하 앞에서도 평정심을 유지했다. 집권 이듬해인 1725년 4월 9일의《영조실록》기사다.

정언 한덕전이 상소하였는데, 대략 이르기를,
"전하께서 비록 학문하시는 뜻은 있으나, 실로 학문하시는 방도를 알지 못하십니다. 대저 이른바 학문이라고 하는 것은 꼼짝하지 않고 앉아서 글을 읽으며 과정만을 좇아 나아가는 것을 말하는 것이 아닙니다. 모름지기 시비의 귀착점을 분명히 알고 사정의 분별을 자세히 살펴서 사의를 깨끗이 떨쳐 없애고 한결같이 의리의 정도를 따를 수 있게 된 후에야 바야흐로 학문이라고 할 수 있는 것입니다. (중략) 지금 전하께서는 그렇지 않으셔서, 문의의 끝머리와 경지의 사이에 비록 부지런히 공부하시지만, 일을 처리하는 때에 미쳐서는 거기서 힘을 얻는 효과가 없으십니다. 더러는 음양의 구별에 어두우셔서 두리뭉실하게 처리하시는 것이 있기도 하고, 일도양단하시어 일을 결단 내리시는 뜻이 없으십니다. (중략) 선유의 말에, '《주역》을 잘 아는 자는《주역》을 말하지 않는다'고 하였고, 계사에도 이르기를, '묵묵히 이루어가면 말하지 아니하여도 믿는다' 하였습니다. 어떤 사람이, '전하께서 행하시는 일이 문구에 가깝다' 했으니, 전하의 마음에 성실하지 못한 바가 있어서가 아니겠습니까?"

하니, 비답하기를,

"권면하고 경계하는 것이 절실하고 극진하니, 유의留意하지 않을 수 있
겠는가? 요사이 내린 처분은 나에게도 역시 의견이 있었기 때문이다."

상소문의 형식을 취하고 있지만 내용을 보면 임금에 대한 일방적인
비판이다. 영조를 사리분별도 제대로 못 하는 무능한 군주로 깎아내리
고 있다. 표현도 무척 거칠다. 임금으로서 마땅히 화를 낼 만했지만 영조
는 그러지 않았다. 오히려 상소문의 내용이 매우 절실하고 극진하므로
유의하겠다고 말한다. 호흡을 고르기 위해 한발 물러서는 정도가 아니
라 군주로서의 권위를 내려놓고 자신을 최대한 낮추는 모양새다. 취임
초기 가급적이면 신하들과 맞서지 않으려는 신중함이 엿보인다.

한덕전의 상소에 인용된 '주역을 잘 아는 자는 주역을 말하지 않는다'
는 말은 주자가 남송의 효종에게 했던 말이다. '묵묵히 이루어가면 말하
지 아니하여도 믿는다'는 문구는 계사전 상上 제12장에 나오는 대목으
로 원문은 다음과 같다. 묵이성지默而成之 불언이신不言而信, 묵묵히 일
을 추진해나가면 말하지 않아도 믿게 된다. 계사전은 공자가 지은 주역
십익 중 하나로 주역의 괘가 형성된 원리와 그것이 갖는 의미를 알기 쉽
게 풀이한 책으로 상, 하 12장씩 총 24장으로 구성되어 있다. 한덕전은
영조가 취임 이후 행한 각종 인사에 대한 불만의 표시로 주역의 계사전
을 인용해 일관된 인사를 요구했다. 정책의 일관성이 결여되었다는 비
판은 언제든지 할 수 있지만 그 비판의 논거를 끌어대면서 영조의 학문
적 깊이와 방법론까지 거론한 것은 도가 지나친 감이 있다.

소인들은
끼리끼리 어울리면서
서로의 허물을 덮어준다

영조의 트레이드마크가 된 탕평蕩平이라는 용어는《서경》에 나오는 '무편무당 왕도탕탕 무당무편 왕도평평(無偏無黨 王道蕩蕩 無黨無偏 王道平平, 치우침이 없으면 왕도가 탕탕하고 평평하다)'이라는 구절에서 유래했으며, 연산군 때《조선왕조실록》에 이 표현이 처음으로 등장한다. 연산군 즉위 이듬해인 1495년 당시 충청도 도사都事로 있던 김일손은 상소문에서 다음과 같이 말한다. "전하께서는 하늘을 두려워함으로써 뭇 신하에 임할 뿐 아니라 또한 하늘을 본받아서 전하의 마음을 비우소서. 오직 마음이 비워지고서야 사물을 받아들일 수 있을 것이오니, 마음이 하늘과 통하여서 탕탕蕩蕩 평평平平한 도道가 점점 이루어져서 황극이 세워질 수 있을 것입니다." 김일손은 스승 김종직의 조의제문을 실록에 실어 무오사화를 촉발한 인물이다. 김일손은 상소문에서 인사 정책에 한정하지 않고 국정 전반의 운용에 탕탕 평평한 도를 적용하라고 건의했다.

당파를 떠난 고른 인재 등용이라는 취지에서 탕평이라는 말을 처음 쓴 사람은 중종 시대의 이언적이다. 1539년(중종 34년) 전주 부윤으로 있던 이언적은 상소문에서 다음과 같이 건의한다. "전하께서는 중화의 극을 세우시고 어느 한쪽으로 치우치는 습관을 없애시어 인재를 등용하실 때는 친소의 구별이 없이 오직 그 사람의 사정邪正만 보시고 말을 들으실 때는 자신의 뜻과 다른 것을 탓하심이 없이 오직 그 말의 시비만 살피소서. 그러면 어느 한쪽에 치우치지 않는 탕평蕩平한 정치를 다시 볼 수 있게 될 것이니, 상께서는 유념하소서."

사색당파가 극에 이르렀던 숙종 때나 경종 때도 뜻있는 신하들이 탕평책을 건의했지만 제대로 시행되지 않았다. 영조는 즉위 초부터 탕평책을 국정 운영의 기조로 삼겠다고 분명하게 밝혔다. 하지만 초기에는 탕평이라는 카드로 신하들을 강하게 압박하지는 않았으며 유연한 태도를 취한다. 즉위년인 1724년 11월 11일의 《영조실록》 기사다.

승정원에서 복역覆逆한 승지를 삭탈관직하라는 명을 환수할 것을 청하니, 답하기를,

"너희들은 공변된 일에 힘쓰고, 사사로움을 버려 탕평을 이루라"

하였다. 승정원에서 재차 환수할 것을 청하니, 답하기를,

"두 사람이 당을 비호하기로 작정했으니, 대단히 무엄한 데 관계된다. 그러므로 징려하는 바가 있었던 것인데, 연이어 환수를 청하니, 임금을 사랑하는 마음을 볼 수 있다"

하고, 이어 환침을 명하였다.

영조는 자신의 뜻을 거역한 승지를 해임시켰는데 승정원에서 이를 번복해달라고 청하자 처음에는 탕평을 내세워 불가 입장을 분명히 한다. 하지만 재차 건의하자 한 걸음 물러나 뜻을 꺾는다. 이후의 기사에서도 그런 장면들이 반복된다. 하지만 해가 바뀌면서 조정의 분위기는 바뀐다. 영조는 교서나 비망록 등을 통해 탕평에 관한 자신의 의지를 분명히 밝힌다. 즉위 이듬해인 1725년 1월 21일의《영조실록》기사다.

> 비망기에 대략 말하기를, (중략)
> "나라를 위해 몸과 마음을 다 바칠 의리와 도리를 생각하지 않고 오직 당습에 혹 어긋날까 염려를 하니, 이것이 어찌 충효이겠는가? (중략) 탕평蕩平하는 것은 공公이요, 당에 물드는 것은 사私인데, 여러 신하들은 공을 하고자 하는가, 사를 하고자 하는가? 내가 비록 덕이 없으나 폐부에서 나온 말이니, 만약 구언함을 칭탁해 경알하는 무리는 마땅히 먼 변방에 귀양 보내는 법을 쓸 것이다."(중략)
> 하였는데, 정원에서 재계하여 곧바로 반포하기를 청하니, 그대로 따랐다.

1728년 무신년 이인좌의 난을 거치면서 영조의 탕평책은 본궤도에 오른다. 영조의 반대편에 섰던 소론은 영조가 경종의 뒤를 이어 즉위하자 대체로 이를 수용하는 분위기였다. 하지만 김일경으로 대표되는 강경파들은 정통성을 인정하지 않았다. 목호룡의 고변이 무고였음이 드러나 김일경이 처형되자 소론의 불만은 증폭되었고 이것은 결국 무신년의 난으로 이어졌다. 이인좌가 주도한 무신년의 난은 유민들이 가담하면서 규모가 커졌다. 이인좌는 경종의 원수를 갚는다는 명분을 내세워 청주

성을 함락하고 서울로 북상했지만 경기도 안성과 죽산에서 관군에 격파
되었고, 이인좌는 체포되어 한양으로 압송된 후 능지처참된다. 난이 진
압된 후 영조는 이를 명분으로 탕평책을 본격적으로 추진한다.

탕평책은 신하들의 입장에서 볼 때 일종의 공동정권이다. 노론과 소
론을 기계적으로 섞어 자리를 안분하는 방식이라는 비판이 있지만 사색
당파로 인한 국정의 혼란과 불안정성이 되풀이되던 당시로서는 최선이
었다. 아래 실록의 기록에서 보듯이 집권 중반기를 넘어서면서 탕평은
국정의 기조로 완전히 자리를 잡았으며 신하들도 차츰 수용적인 자세를
취한다. 1736년 11월 17일 《영조실록》 기사다.

> 임금이 주강을 행하고, 《주역》의 동인괘同人卦를 강하였다. 임금이 이르
> 기를,
> "정전에 의하면 군자와 소인은 모두 당이 있다고 했는데, 소인은 진실로
> 당이 있는 것이지만 군자도 당이 있다고 할 수 있겠는가?"
> 하니, 시독관 유건기가 붕당론을 인용하여 변해하였다. 검토관 조상명은
> 말하기를,
> "사물의 선악은 각기 동류에 따라 구분되는 것이기 때문에 군자도 당이
> 있는 것입니다"
> 하니, 임금이 이르기를,
> "《서경》에 이르기를, '무편무당無偏無黨'이라고 했는데, '당黨'자는 여기
> 에서 나온 것 같다. 이것은 유類라고 했다면 폐단이 없었을 것 같다"
> 하였다. 동지사 이덕수는 말하기를,
> "동인괘同人卦의 상상象에 유족類族으로 사물을 분변한다고 한 것은 공자

께서 대동의 폐단이 혹시 분별이 없는 지경에 이르게 될까 우려해서 한 말입니다. 지금 성상께서는 탕평을 하려고 하시기 때문에 감히 따르지 않을 수 없습니다."(중략)

하니, 임금이 이르기를,

"《주역》의 주에 이른바, '소인들은 자신들과 친한 사람은 하는 일이 옳지 않아도 찬동하고, 자신들이 싫어하는 사람은 하는 일이 옳은 것이라도 찬동하지 않는다'라고 한 것이 지금의 시상에 적중하는 말이다."

주역의 천화동인괘天火同人卦는 하늘을 상징하는 건괘가 위에 놓이고 불을 상징하는 이괘가 아래에 놓이는 모양이다. 횃불을 들고 어둠을 밝히면 그 주변에 사람들이 모이듯이 뜻을 같이하는 사람들의 무리를 상징한다. 그래서 동인同人이라는 괘사를 썼다. 이덕수가 인용한 문구는 천화동인괘 상전에 나오는 대목으로 원문은 이러하다. '천여화天與火 동인同人 군자이君子以 유족類族 변물辨物, 하늘과 불이 동인이니 군자는 이로써 무리를 모으고 사물을 분별한다.' 이덕수는 탕평이라는 명분으로 옳고 그름, 군자와 소인에 대한 분별마저 흐릿해져서는 안 된다며 이를 경계하지만 영조의 탕평 자체를 거부하진 않는다. 이에 영조는 '소인들은 자신들과 친한 사람은 하는 일이 옳지 않아도 찬동하고, 자신들이 싫어하는 사람은 하는 일이 옳은 것이라도 찬동하지 않는다'라는 문구를 인용하여 당파 싸움의 폐해를 직격하고 있다. 영조가 인용한 문구는 주역 동인괘 육이 효사에 대한 주해 가운데 한 구절로 보인다. 원문은 다음과 같다. '동인우종同人于宗 인도야吝道也, 끼리끼리 모이니 인색하다.' 당파적 이해관계를 같이하는 사람들끼리 폐쇄적인 집단을 형성하면 서

로 허물을 덮어주고 소속되지 않은 이는 무조건 비방하고 배척한다는
의미다.

너무 높이
오른 용은 반드시
후회한다

앞서 나온 이덕수는 영조의 탕평책에 가장 잘 어울리는 신하였다. 소론 쪽에 비교적 가까웠지만 조정의 논의 과정에서는 당파적 이해관계에 얽매이지 않았다. 영조는 이러한 이덕수를 무척 아꼈다. 특히 이덕수는 주역에도 밝아 주역을 좋아하던 영조와 호흡이 잘 맞았다. 영조는 경연에서 이덕수의 주역 해석이 가장 뛰어나다고 칭찬을 아끼지 않는다. 발군의 실력으로 보아 천하의 서책 가운데 읽지 않은 책이 하나도 없을 것 같다며 놀라움을 표시하기도 한다. 이덕수는 영조의 말을 받아 자신의 독서 이력을 공개하고 있는데 18세 때까지 3000권의 책을 읽었고 그 후 벼슬을 하면서는 시간이 많지 않아 책을 조금밖에 보지 못했는데 대충 7000~8000권쯤 되는 것 같다고 답한다. 그야말로 무불통지의 수준에 이를 정도로 책을 많이 본 셈이다. 주역은 나이 들어 보기 시작해 그다지 밝은 편이 아니라고 말하고는 있지만 이것은 겸손의 표현일 뿐 실록의 기록으로 볼 때 주역에 관해 그를 능가할 사람은 아무도 없었던 것 같다. 실록의 사관도 이덕수에게 후한 점수를 준다. 1736년 11월 25일의《영조실록》기사다.

이덕수는 젊어서부터 고문에 힘을 기울였는데, 늙어갈수록 더욱 줄어들지 않았다. 인품이 창울하고 혼후하며 기력이 있었는데, 꾸미는 습성을 제거하였기 때문에 때로는 질박한 데 가깝기도 했다. 일찍이 귓병을 앓아 귀가 먹어서 총명이 내심에 전일될 수 있었다. 그런 이유 때문에 널리 관통하여 제가의 책을 마구 읽었다. 육예로부터 백가의 서책은 물론, 복서·상술·수학의 종류에 이르기까지 통달하여 깨우치지 않은 것이 없었는데, 더욱 노불老佛에 조예가 깊었다. 이록利祿에 담박하여 상대와 다투는 것이 없었고, 문을 닫고 들어앉아 저서 할 때에 고인의 풍도가 있었고, 눈썹과 수염에 고색이 저절로 나타났으며, 말은 질박하기 그지없었으므로, 진현할 때마다 임금이 흔연히 예우하였다.

스스로 겸손함을 잃지 않았던 이덕수는 영조에게도 겸손이 군주가 갖추어야 할 최고의 미덕이라고 강조한다. 1731년 8월 3일의《영조실록》기사다.

임금이 조강에 나아갔다. 비로소《예기》를 강하였다. 특진관 이덕수가 말하기를,
"지만志滿의 반대는 겸손함이고 낙극樂極의 반대는 검소함입니다. 신이 나이 예순에 가까워 세상을 열력閱歷함이 많은데, 일찍이 보면 사대부로

서 벼슬을 한 사람들 중에서 진실로 그 의지가 자만하거나 권세를 탐하여 즐기면 실패하지 않은 자가 적었습니다. 이 이치는 분명하여 속일 수가 없는 바가 있으니, 사대부도 오히려 그러하거늘 하물며 제왕이겠습니까? 지난날을 통해서 보면 오만 때문에 재앙을 부른 자가 전후에 걸쳐 얼마나 많았습니까?(중략)《주역》의 64괘가 매 괘의 육효마다 길흉이 서로 섞여 있는데 다만 겸괘謙卦만은 육효가 모두 순길純吉이어서 흉함이 없으니, 겸손함이 하늘과 인간의 돕는 바가 된다는 것을 따라서 알 수가 있습니다. 군주는 신민의 위에 처해 있으니, 마땅히 겸에는 힘쓸 일이 없을 것 같지만, 만일 혹시 스스로 거룩한 체하고 스스로 자랑하여 여러 신하들을 깔보고서 마음을 비워 협조를 요구하기를 즐겨 하지 않는다면, 과오는 날로 드러나 끝내 반드시 항룡유회亢龍有悔에 이를 것입니다. 그렇다면 군주가 마땅히 경계해야 할 바는 오만함이고 마땅히 힘써야 할 바는 겸손함입니다."(중략)

하니, 임금이 가납하였다.

기사에서 이덕수는 주역의 두 가지 괘를 인용해 영조에게 겸손의 미덕을 강조했다. 첫 번째 인용한 지산겸괘地山謙卦는 땅을 상징하는 곤괘가 위에 놓이고 산을 상징하는 간괘가 아래에 놓이는 괘로 우뚝한 산이 자신의 몸을 땅 밑에 두어 한없이 자신을 낮추는 모양을 상징한다. 그래서 겸손할 겸謙을 괘사로 썼다.

64괘 중 다른 괘들은 모두 육효마다 길흉이 섞여 있는데 겸괘는 육효가 모두 순길이어서 흉함이 없다는 문장은 다소의 설명이 필요하다. 주역은 8괘를 위아래로 차례차례 겹치게 놓아 64괘를 만드는데(8×8=64), 8괘는 ☰, ☷, ☲, ☵, ☳, ☴, ☶, ☱ 등에서 보듯이 모두 세 개의 막대기로 이루어져 있다. 이 막대기를 주역에서는 효爻라고 하는데, 긴 막대기 하나(一)로 이루어진 효를 양효, 짧은 막대기 두 개(--)로 이루어진 효를 음효라고 한다. 숫자로 읽을 때 양효는 구九로 읽고 음효는 육六으로 읽는다. 그래서 첫 번째(가장 아래에 있는 막대기) 효가 양효일 경우에는 초구初九라 읽고 음효일 경우에는 초육初六으로 읽는다. 위로 올라가면서 순차적으로 두 번째 효가 양효일 때는 구이九二, 음효일 경우에는 육이六二로 읽고, 세 번째 효가 양효일 때는 구삼九三, 음효일 때는 육삼六三으로 읽고, 네 번째 효가 양효일 때는 구사九四, 음효일 때는 육사六四로 읽고, 다섯 번째 효가 양효일 때는 구오九五, 음효일 때는 육오六五로 읽고, 제일 위의 효가 양효일 때는 상구上九, 음효일 때는 상육上六이라 읽는다. 조금 복잡해 보이지만 원리를 이해하면 금세 깨우칠 수 있다.

이처럼 주역의 각 괘는 여섯 개의 효로 이루어지며 이 효 하나하나가 갖는 의미를 효사爻辭라고 한다. 여섯 개의 효사에는 길과 흉이 섞여 있는데 유일한 예외가 지산겸괘다. 지산겸괘는 곤괘가 위에 놓이고 간괘가 아래에 놓이는 모양인데 밑에서 세 번째 효를 제외하고는 모두 음효다. 따라서 이들 효 각각의 이름은 초육, 육이, 구삼, 육사, 육오, 상육이 된다. 초육의 효사는 '겸겸군자謙謙君子 용섭대천用涉大川 길吉, 겸손하고 겸손한 군자이니 큰 내를 건너도 이롭다', 육이의 효사는 '명겸鳴謙 정貞 길吉, 겸손함을 널리 떨치니 정하고 길하다', 구삼의 효사는 '노겸勞謙 군자유종君子有終 길吉, 겸손하려 노력하니 군자의 끝도 길하다', 육사의 효사는 '무불리휘겸無不利撝謙, 겸손함으로 베푸니 불리함이 없다', 육오의 효사는 '불부이기린不富以其隣 이용침벌利用侵伐 무불리無不利, 부유하지 않는 이웃이므로 침범해도 불리할 게 없다', 상육의 효사는 '명겸鳴謙 이용행사利用行師 정읍국征邑國, 겸손함을 떨치니 군사를 동원해서 쳐도 이롭다'로 되어 있다. 지산겸괘를 제외한 나머지 63개 괘의 효사에는 흉凶, 회悔, 인吝, 망亡, 불리不利와 같은 부정적 표현들이 최소한 한 번 이상 들어가는데 지산겸괘에는 그런 표현이 한 번도 없다. 그래서 이덕수는 지산겸괘의 효사가 순길이라고 했다.

항용유회亢龍有悔는 64괘 가운데 가장 먼저 나오는 중천건괘重天乾卦의 상구 효사에 나오는 구절로 원문도 '항용유회, 높이 오른 용은 후회한다' 그대로다. 중천건괘는 하늘을 상징하는 건괘가 위아래에 겹쳐져 놓여 있는 괘로서 모두 양효로 이루어져 있으므로 효의 이름은 초구, 구이, 구삼, 구사, 구오, 상구다. 중천건괘에서는 임금을 용에 비유해 군주가 지녀야 할 덕목에 대한 가르침을 주는데 이덕수는 군주가 자신의 힘만 믿고 오만해질 경우 반드시 후회하게 되니 삼가 경계하라는 뜻에서 주역의 이 구절을 인용했다.

5

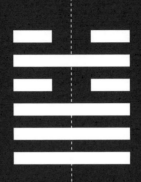

세조

주역으로 자신의
업보를 돌아보다

문신이 주역을 모르다니
술로 벌을 받아
마땅하다

정인지는 조선시대 관료들 가운데 열 손가락 안에 꼽히는 천재다. 수학과 천문학에 특히 뛰어나 세종시대 때 역술 편찬 작업을 주도했고, 문장도 뛰어나 《훈민정음 해례본》의 서문을 쓰기도 했다. 다방면에 뛰어났던 세종도 정인지에게 한 수 배울 정도였다. 관운도 타고나 태조 때부터 성종 때까지 9대에 걸쳐 벼슬을 했다. 과거시험에서 태종이 직접 장원으로 선발해 중용하기 시작했으며 세조 때에는 벼슬이 영의정에 이르렀다. 하지만 단종의 척살을 주장하는 등 비정한 선비의 면모를 보여주기도 했으며, 엄청난 치부로 백성들에게 원성을 사기도 했다. 두주불사의 애주가였으며 그 때문이었는지 술로 인한 실수담이 많이 전해진다. 특히 술에 취해 세조를 '너'라고 불렀다는 일화는 유명하다.

정인지는 주역에도 뛰어났다. 세조 때 행해졌던 주역구결(周易口訣, 주역에 한자 토를 다는 작업)을 주도했으며, 주역을 강하는 경연에서는 다른

신하들을 압도했다. 1457년(세조3년) 4월 9일의《조선왕조실록》기사에
는 정인지가 주역을 모르는 신하들에게 술로써 벌을 내려야 한다고 발
언하는 대목이 나온다.

> 임금이 사정전에 나아가 상참常參을 받고 정사를 보고는, 이내 술자리를
> 베풀었다. 임금이 술에 취하여 영의정 정인지에게 명하여 일어나 춤을
> 추게 하고, 대사헌 김순에게 명하여 마주 서서 춤추게 하였다. 이내 병조
> 참판 구치관에게 전교하기를,
> "내가 군정軍政에 생각을 두어 밤에도 편안히 잠자지 못하니, 비록 술이
> 취함에 이르러도 또한 잊지 못한다"
> 하였다. 정인지가 인하여《주역》의 이치를 논하면서 김순과 어효첨을 돌
> 아보고 물으니, 모른다고 대답하였다. 정인지가 아뢰기를,
> "문신文臣이 되어가지고 주역을 알지 못하니, 마땅히 술로써 이를 벌주
> 어야겠습니다." (후략)

　임금이 영의정과 대사헌에게 춤을 추라고 할 정도로 술판이 크게 벌
어졌다. 세조와 신하들 모두 크게 취했다. 기사의 말미에는 정인지가 부
축을 받고 귀가했다는 대목도 나온다. 세조는 병조참판에게 '술에 취해
도 군정軍政에 대한 걱정을 잊지 못하겠다'며 병무에 관한 일을 철저히
챙기라고 지시한다. 세조의 이 말을 받아 영의정 정인지가 주역을 인용
해 몇 마디 덧붙였던 모양인데 구체적인 내용이 기술되어 있지 않아 주
역의 어느 대목을 인용했는지는 알 수 없다. 그런데 문제는 그 뒤의 장면
이다. 정인지는 자리를 함께한 김순, 어효첨 등에게 주역을 아느냐고 물

었고 이들이 모른다고 답하자 '문신이 되어 주역을 모르다니 술로 벌을 받아 마땅하다'고 일갈한다. 취중에 농담조로 한 말이겠지만 다분히 뼈가 있는 말이었다.

주역을 모르는 신하들에게 술로 벌을 줘야 마땅하다고 한 정인지의 말은 주역 공부를 기피하는 신진 선비들의 세태를 비판하는 것이었다. 하지만 정인지의 연배가 아버지 세종과 엇비슷했다(정확하게는 정인지가 세종보다 한 살 많았다)는 점을 감안할 때 연하의 젊은 군주인 세조 자신을 향한 질책처럼 들릴 수도 있었다. 아무리 취중이라 해도 왕으로서는 감정이 상했을 법한 발언이었다. 그래서 세조는 한나라 개국 공신이었던 한신과 팽월의 사례를 들면서 정인지에게 경고 메시지를 날린다. 한신과 팽월은 한나라 개국 후 모반을 시도하다가 유방에게 척살당한 인물이다. 정인지가 비록 계유정란의 1등 공신으로 책봉돼 벼슬이 영의정에까지 올랐지만 지나치게 나대면 한신이나 팽월처럼 될 수도 있다는 경고였다. 정인지는 한나라 개국 초기에는 한신이나 팽월에 대한 유방의 대접에 일말의 소홀함도 없었다며 큰 웃음으로 답한다. 세조의 의중을 슬쩍 비트는 노회한 방식으로 국면을 벗어나려 한 것이다. 세조도 웃음으로 답하고 상황을 마무리한다. 정인지의 언행이 다소 과한 측면이 있지만 자신의 취약한 정통성을 보완해주는 뛰어난 테크노크라트를 함부로 쳐낼 수는 없었을 것이다.

군자는 하늘을 본받아
스스로 힘쓰고
쉬지 않는다

세조도 주역에 일가견이 있었다. 실록의 기록으로 볼 때 조선시대 군주들 가운데 세조만큼 주역에 밝은 사람도 흔치 않다. 세조는 신하들에게 업무를 지시하면서 주역의 괘를 상황에 맞게 정확하게 인용하는가 하면 주역의 괘를 주제로 시를 짓기도 했다. 주역에 밝은 신하는 다른 시험의 성적이 좋지 않아도 특별 채용하는 주역특진관 제도를 실시하고 주역에 대해서는 가산점을 부여하기도 했다. 즉위 초부터 주역의 하도, 낙서 강연을 명했다는 실록의 기록도 보인다. 1455년 9월 10일 《세조실록》 기사다.

어가로 성균관에 거둥하여 백관과 학생을 거느리고 선성을 알현하고 전을 마치고 나서 명륜당에 임어하니, 종친·의정부·육조의 참판 이상 및 시신이 입시하였다. 강서관 겸 성균관 사성 김구와 시강관인 집현전 부제학 김예몽 등이 강좌로 나아가니, 임금이 《하도》·《낙서》의 강의를 명하였다. 김구가 음양의 이수理數가 생성 합변하고, 왕래 굴신하는 이치를 설명하고, 김예몽이 반복해서 분석하여 어려운 것을 밝히니, 임금이 말하기를,

"강론은 그만하면 충분하니, 너희들은 각각 술잔을 들라"

하였다. 김구가 잔을 올리고 인하여 입시한 재상들에게 행주하고 나서, 자리로 돌아와 아뢰기를,

"복희씨가 《하도》를 본받아 8괘를 그렸고, 문왕·주공이 괘사와 효사를 만들었는데, 본래는 점치는 법이었습니다. 공자께서 '십익十翼'을 지으셨는데 완전히 의리義理를 썼으니, 사람마다 역리易理를 체득해 쓰게 하려는 것이었습니다. 그 첫머리 건의 괘는 군왕의 도이니, 바로 성상에게 해당하는 일입니다. 건괘를 몸 받으려고 하면 마땅히 천도를 몸 받아야 할 것인데, 거기에 이르기를, '하늘의 운행이 쉬지 않으므로, 군자는 이로써 스스로 힘쓰고 쉬지 않는다' 하였으니, 스스로 힘쓰고 쉬지 않는다는 것은 이른바 안일함이 없다는 것입니다." (후략)

하도와 낙서는 주역의 근본 원리를 수학적으로 표현한 것으로 주역의 여러 분야 가운데 가장 어려운 부분이다. 주역 강연을 하도와 낙서부터 시작했다는 것은 세조가 주역에 관한 배경지식을 충분히 가지고 있었음을 말해준다. 강연관 김구는 주역의 탄생 과정을 간략하게 언급하고 있다. 복희씨가 하도를 참고해서 8괘를 그렸고, 문왕과 주공이 괘사와 효사를 지었으며, 공자는 계사전·단사전·서괘전·설괘전·잡괘전 등의 십익을 지었다. 김구가 말미에 군왕의 도라며 인용한 주역의 문구는 중천

건괘 상전에 나오는 대목으로 원문은 다음과 같다. '상왈象日 천행건天行健 군자이君子以 자강불식自强不息, 상에 이르기를 하늘의 운행은 건실하니 군자는 이로써 스스로 힘쓰고 쉬지 않는다.' 중천건괘는 하늘을 상징하는 건괘가 아래위로 겹쳐져 있는 괘로 모든 효가 양효로 이루어진 특징이 있다. 그래서 양을 상징하는 군주의 괘로 불린다. 자강불식은 주역의 효사 가운데 많이 인용되는 구절 중 하나로, 쉼 없이 돌고 도는 하늘의 운행 원리를 본받아 사시사철 부지런히 민생을 챙기는 것이 어진 임금의 도리임을 뜻한다.

바닷물에서 물을 본 자는
물의 깊음을
말하지 않는다

세조는 주역의 괘사를 취해 세자의 자를 직접 짓기도 했으며 강연을 주
관하는 시강관에게 다음과 같이 말하기도 했다. 1456년 3월 18일자 《세
조실록》의 기사다.

> 《역》과 같은 서책은 지극히 정미精微하여 상경上經·하경下經은 깨치기
> 쉬우나 도설圖說·계사繫辭는 더욱 정미精微하니, 이 책에 밝으면, 이른바
> '바닷가에서 물을 본 자는 물의 깊음을 말하기 어렵다'고 한 것처럼 많은
> 서책을 다스리지 않더라도 스스로 밝아질 것이다.

주역 64괘는 상경 30괘와 하경 34괘로 구분하는데 세조는 기본이 되
는 주역 64괘는 쉽다고 말한다. 주역에 상당한 조예가 있음을 스스로 언
급하고 있는 대목이다. 도설, 계사는 주역의 수학적 원리가 되는 하도,

낙서 그리고 그것을 별도로 해석한 공자의 계사전을 말하는 것으로 그 이치가 매우 심오하다. 바닷물을 본 사람은 물의 깊이를 말하기 어렵다고 말한 대목은 주역이 그만큼 심오하다는 사실을 비유적으로 표현한 것이다. 말년에는 주역 수뢰둔水雷屯괘의 효사를 인용해 자신의 과거 업보에 대한 회한의 감정과 함께 과도한 행정 집행에 대한 우려감을 나타내기도 했다. 1468년 5월 28일자《세조실록》을 보자.

> 내가 잠저潛邸로부터 일어나 창업의 임금이 되어 사람을 죽이고 형벌한 것이 많이 있었으니, 어찌 한 가지 일이라도 원망을 취함이 없었겠느냐? 《주역》에 이르기를, '소정小貞은 길吉하고 대정大貞은 흉凶하다' 하였는데, 이제 사거徙居·군적軍籍·호패號牌 등의 대사大事를 한꺼번에 아울러 거행하니, 비록 국가에는 매우 이롭다 하더라도 어찌 대정大貞인데 원망함이 없겠느냐?

세조가 인용한 주역의 구절은 수뢰둔괘 구오 효사에 나오는 대목으로 원문은 다음과 같다. '둔기고屯其膏 소정小貞 길吉 대정大貞 흉凶, 기름지게 하기는 어렵다. 조금씩 베풀면 길하고 크게 베풀면 흉하다.' 수뢰둔괘는 물을 상징하는 감괘가 위에 놓이고 우레를 상징하는 진괘가 아래에 놓이는 모양으로 위에는 먹구름이 몰려오고 아래에서는 천둥번개가 치는 형상으로 일이 꽉 막히고 처지가 궁핍한 상황을 의미한다. 그래서 어려울 둔屯을 괘사로 썼다. 이러한 경색 국면을 벗어나려고 갑자기 일을 크게 도모하면 오히려 역효과를 초래한다. 주역에서는 차근차근 작은 것부터 풀어나가라고 권유한다. 그래서 소정 길, 대정 흉이라고 했다. 세조는 왕실을 튼튼하게 한다는 대의를 내세워 어린 조카를 몰아내고 왕위에 올랐다. 세조는 그런 자신의 업보를 주역에 빗대어 되돌아보면서 회한의 감정을 표시하고 있다. 그리고 주택정책과 병역, 인구조사 등의 큰 정책들을 한꺼번에 실시할 경우 백성들에게 과도한 부담을 줄 수 있다는 점을 우려하고 있다.

6

정종

주역으로 마음을
비우다

서리를 밟으면
굳은 얼음에
이른다

조선의 2대 왕 정종은 철저한 현실주의자였다. 드라마에서는 흔히 권력의지가 없는 나약한 군주로 묘사되곤 하지만 꼭 그렇지만은 않았다. 정종은 조선 개국 전 아버지 이성계를 따라 전장을 누비던 전형적인 무사였다. 아버지를 수행해 지리산의 왜구를 치기도 했으며 황산대첩과 위화도회군에도 적극적으로 참여했다. 체격도 곰을 닮아 제법 우락부락했던 것으로 전해진다.

이방원(태종)이 정몽주를 척살할 때도 정종은 조영규(이방원의 심복), 이화(이성계의 이복동생), 이제(경순공주의 남편) 등과 함께 거사에 가담했다. 아버지 이성계가 정몽주의 제거를 반대한다는 사실을 알고 있으면서도 이방원 편에 선 걸로 볼 때 나름의 정치적 계산이 있었던 것으로 보인다. 정몽주가 살해된 후 총대를 멘 인물도 정종이었다. 정종은 공양왕을 찾아가 거사 사실을 알린 후 자신들을 처벌하든지 정몽주 측근들을 처벌하든지 양자택일하라고 공양왕을 압박했다.

　그뿐만 아니라 정종은 조선 개국 후 정도전과 남은 등 일부 재상들에게 권력이 지나치게 쏠리자 이를 비판하는 목소리를 내기도 했다. 이때까지만 해도 정종에게는 나름의 권력의지가 있었던 것이다. 그러나 정종은 왕자의 난을 계기로 현실주의자로 돌아서 권력과 거리를 둔다. 서열로 보면 자신이 이방원보다 위였지만 세력으로 볼 때는 상대가 되지 않는다는 사실을 누구보다 잘 알고 있었기 때문이다. 왕에 오른 것도 그의 의지와는 무관했다. 조선의 2대 왕위는 이방원이 정치적 숨 고르기 차원에서 형에게 잠시 자리를 맡겨둔 것이었다.

　정종은 실권이 없는 명목상의 왕에 불과했다. 세종 때 발간된《용비어천가》에서도 정종은 왕으로 인정되지 않았다. 정종이 왕으로 인정됐더라면 '해동 육룡이 나르샤'가 아니라 '해동 칠용이 나르샤'가 되었어야 했다. 그 후로도 그에 대한 조선 왕들의 인식은 변하지 않았으며 그가 정식 왕으로 묘호를 받은 것은 숙종 때였다.

　정종에게 현실 감각이 없었다면 왕위에 오른 후 헛된 욕망을 품을 수도 있었다. 하지만 정종은 냉철했다. 한시적인 왕이라는 사실을 한시도 잊지 않았다. 재위 2년 동안 정종은 정치적인 문제와 관련해 자신의 목소리를 거의 내지 않았다. 신하들이 올리는 문서에 형식적으로 결재만 했을 뿐 국정 운영에 특별한 리더십을 발휘하지 않았다. 자연히 여가 시간이 많아졌고 그 시간을 때우기 위해 그가 전념한 것은 격구였다. 요즘의 골프 비슷한 격구는 무료한 왕이 시간을 때우는 데 제격이었다.

　재위 2년간의《조선왕조실록》공식 기록에 격구 관련 기사가 무려

19번이 나올 정도로 정종의 격구 사랑은 대단했다. 하루는 사관이 격구 현장에 나타나 기록으로 남기려 하자 "격구 하는 일도 사책에 쓰는가?" 하며 제지하려 했다. 사관이 "인군의 거동을 반드시 쓰는데, 하물며 격구 하는 것이겠습니까?" 하고 대답하자 정종은 고려시대 때도 사관들이 왕들의 여가 시간을 기록으로 남겼는지 알아보겠다며 《고려사》를 올리라고 명하기도 한다.

조정의 신하들 가운데는 격구를 즐기는 사람이 거의 없었다. 그러다 보니 24시간 그의 곁을 지키는 환관들이 격구의 주된 파트너가 되었고 격구를 하는 도중 환관들은 왕을 상대로 각종 로비를 했다. 신하들은 환관 정치의 부활이라며 왕을 격하게 성토했다. 하지만 정종은 꿈쩍도 하지 않았다. 건강상 이유로 격구를 즐기는데 신하들이 왈가왈부하는 것이 부당하다며 오히려 신하들을 나무랐다. 그러자 신하들은 정식으로 상소문을 올려 임금을 견제하려 했다. 정종 1년(1399년) 12월 1일 사헌부에서 올린 상소문이다.

대저 환관의 해는 사책에 실려 있어서 밝게 알 수 있습니다. 모조리 들기는 쉽지 않으니, 우선 근래의 이목에 미친 것을 가지고 논하겠습니다. 김사행은 기이하고 교묘한 것으로, 조순은 아첨하고 간사한 것으로 모두 총행을 받아, 서로서로 의지하여 그 세력이 중외를 기울게 했습니다. (중략)《주역》에 말하기를, '서리를 밟으면 굳은 얼음에 이른다'고 하였으니, 국가를 가진 자가 기미를 막고 조짐을 막는 데에 있어서 그 시초를 삼가지 않을 수 있겠습니까?

상소문에 인용된 구절은 주역 64개 괘 중 두 번째 괘인 곤괘에 나오는 말이다. 땅을 상징하는 곤괘가 아래위로 겹치게 놓여 있어 중지곤重地坤 괘로도 불린다. '서리를 밟으면 굳은 얼음에 이른다'는 문장의 원문은 이상견빙지履霜堅氷至다. 서리霜는 일의 시작 단계에서 나타나는 조짐을 뜻하고, 굳은 얼음堅氷은 장차 닥칠 큰 환난을 상징한다. 환란은 그것이 더 커지기 전에 미리 싹을 잘라야 한다는 의미로 쓰이며 유비무환과 같은 맥락의 가르침을 갖고 있다.

사헌부는 정종 주변을 둘러싸고 있는 환관들의 세력이 더 커질 경우 국정이 크게 문란해질 수 있다고 판단하고 미리 그 싹을 자르기 위해 상소를 올렸던 것이다. 그러나 정종은 사헌부의 상소에 귀를 기울이지 않았다. 상소문은 그 후로도 계속 이어졌지만 정종은 여전히 환관들과 격구를 즐겼다. 환관들은 노골적으로 이권에 개입해 국고를 축냈으며 그것은 임시 국왕 정종의 정치적 수명을 단축시키는 요인으로 작용했다.

7

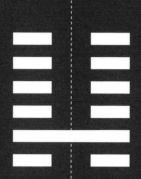

성 종

주역으로 앞날을
경계하다

여윈 돼지가
머뭇거리며
나아가지 아니한다

갑자사화의 단초를 제공한 것으로 알려진 임사홍은 시문과 서예 솜씨가 뛰어났으며 중국어에도 능통했다. 성종은 임사홍의 능력을 높이 사도승지, 이조판서, 대사간 등의 요직에 그를 기용했다. 자신과 두 아들이 왕실의 부마이기도 했던 임사홍은 정치적으로 탄탄대로를 걸었다. 자연히 어깨에 힘이 들어갔고 대간들과 부딪히는 일이 잦아졌다. 대간들은 임사홍을 눈엣가시처럼 여겼다. 그러다가 1478년(성종 9년)에 발생한 흙비 사건 당시 임사홍이 조정의 금주령에 반대하자 대간들은 일제히 임사홍을 탄핵하는 상소문을 올렸다. 대간들은 임사홍을 소인小人이라고 낙인찍은 후 그가 금주령에 반대하는 것은 백성을 위하는 마음에서 나온 것이 아니라 임금에게 아첨하기 위한 흉계에 불과하다며 맹렬히 성토했다. 사건 초기 성종은 임사홍의 편을 들었다. 임사홍을 소인으로 볼 수 있는 근거가 명확하지 않다며 대간들의 상소를 물리쳤다. 하지만 삼사三司가 연합하여 줄기차게 임사홍을 탄핵하자 더 이상 버티지 못하고 임사홍에게 유배령을 내린다.

임사홍은 12년간 유배 생활을 한다. 성종은 몇 차례 임사홍을 복권시키려 시도했지만 그때마다 대간들이 반대해 뜻을 이루지 못했다. 그러다가 1490년(성종 21년) 임사홍을 명나라에 파견하는 관압사에 임명함으로써 그의 유배를 해제한다. 대간들이 여전히 반대했지만 성종은 임사홍의 중국어 실력을 명분으로 끝까지 밀어붙였다. 그리고 이듬해 임사홍을 승정원의 도승지로 임명, 중앙 정계로 복귀시킨다. 대간들도 끝까지 물러서지 않았다. 자신들이 소인으로 낙인찍은 인물을 임금이 다시 불러들여 등용하자 주역에 나오는 금니의 계를 인용하면서 임사홍을 격렬하게 탄핵한다. 1490년 9월 2일의《성종실록》기사다.

사헌부 대사헌 박숭질 등과 사간원 대사간 이종호 등이 상소하기를,
"《주역》구괘姤卦 초육初六에 이르기를, '금니金柅에 매여 있다. 마음이 곧으면 길할 것이다. 갈 곳이 있으면 흉하리니, 여원 돼지羸豕가 주춤거리며 나아가지 못한다' 하였고, 전傳에 말하기를, '일음一陰이 생기면 자라서 점점 성盛한다'고 하였으니, 음陰이 자라고 양陽이 사라지면 소인小人의 도道가 자라는 것입니다. 소인小人은 비록 미약한 때라도 일찍이 군자의 마음을 해치지 않음이 없으니, 은미한 데를 방비하면 할 수 없게 될 것입니다. 임사홍은 소인 중에서도 심한 자입니다. (중략) 비록 소인이 아니더라도 사은으로 용서할 수 없거늘, 하물며 소인 가운데서도 심한 자이겠습니까? 만약 재주가 쓸 만하다고 생각하신다면 고금의 소인으로 재주가 없는 이가 있지 아니하였으니, 소인으로 재주가 있으면 더욱 두려운

것입니다. (중략) 엎드려 원하건대, 전하께서는 미연에 살피시고 성하지 못할 때에 방지하시어 빨리 성명을 거두시어서 여망에 부응하소서."

실록에 인용된 구절은 주역의 천풍구天風姤괘에 나오는 효사 중 하나다. 원문은 이렇게 되어 있다. '계우금니繫于金柅 정貞 길吉 유유왕有攸往 견흉見凶 이시羸豕 부척촉孚蹢躅'. 금니金柅는 쇠막대기, 이시羸豕는 여윈 돼지, 척촉蹢躅은 머뭇거린다는 뜻이고 전문을 해석하면 다음과 같다. '쇠막대기에 매어두니 곧고 길하다. 갈 곳이 있으면 흉하니 여윈 돼지가 머뭇거리며 나아가지 아니한다.' 사헌부와 사간원의 대간들은 소인인 임사홍이 날뛰면 조정의 어진 신하들이 핍박을 받고 조정이 문란해질 수 있으니 그가 세력을 더 키우기 전에 쇠막대기에 묶어두듯이 단단히 경계하여 화를 예방해야 한다는 뜻으로 상소문을 올렸던 것이다.

성종이 대간들의 탄핵을 받아들이지 않아 임사홍은 자리를 보존할 수 있었다. 하지만 대간들과 척을 진 상태라 그의 입지는 위축될 수밖에 없었다. 그런데 성종이 죽고 연산군이 즉위하자 상황이 180도 바뀌었다. 연산군의 폭압 정치에 눌려 대간들의 입지는 크게 위축된 반면 연산군의 신임을 받은 임사홍은 조정의 실세로서 마음껏 권력을 휘둘렀다. 그러던 어느 날 임사홍은 미복 차림으로 자신의 집을 찾아온 연산군에게 폐비 윤씨의 죽음과 관련된 일화를 낱낱이 일러바쳤고, 이로 인해 갑자사화의 피바람이 시작되었다. 이 와중에 임사홍을 탄핵한 대간들 가운데 많은 사람이 척살되거나 유배되었다. 주역에서 말한 금니의 가르침을 외면한 성종의 업보는 애꿎게도 그것을 임금에게 진언한 신하들에게 돌아갔으니 역사의 아이러니가 아닐 수 없다.

솥이 뒤집어져
공속을 쏟으니
그 모양이 좋지 않다

⋮

강희맹은 서거정과 쌍벽을 이루는 조선 전기의 명문장가였다. 시와 문장에 깊이가 있어 중국의 사마천이나 구양수에 비교되기도 했다. 문장이 뛰어나다 보니 《경국대전》, 《동문선》, 《동국여지승람》, 《국조오례의》 등 주요 서적의 편찬에 단골로 참여했다. 시와 글씨, 그림에 모두 뛰어나 삼절三絶이라 불린 강희안이 그의 형이다. 정치력도 뛰어나 세조와 예종, 성종 3대에 걸쳐 요직을 두루 역임했다. 세조와는 이종사촌 간으로 왕실과도 인연이 깊었다. 《연려실기술》에는 피병차 강희맹의 집에 와 있던 원자 시절의 연산군이 실을 삼켜 죽을 뻔했는데 그의 부인이 기지를 발휘해 목숨을 구했다는 일화도 전해진다. 워낙에 잘나가자 성종 때에는 그를 시기하는 사람이 익명의 투서를 넣기도 했지만 성종은 '나는 경(강희맹)을 의심치 않고 경은 나를 의심치 않는다'며 강희맹에 대한 절대적인 신뢰를 보이기도 했다. 훈구파로 인식되었기 때문에 사림에게는 썩 좋지 못한 평가를 받았고 그런 연유로 사간들의 탄핵도 자주 당했다. 하지만 성종은 그때마다 강희맹의 편을 들어주었다. 아래 실록도 그런 에피소드 중 하나다. 1477년 5월 24일의 《성종실록》 기사다.

이조판서 강희맹이 상서하기를,

"엎드려 생각하건대, 전형銓衡은 중임重任이어서 신 같은 자는 감당할 바가 못 됩니다. 신이 연참鉛槧의 작은 재주로 열성조의 난익卵翼하시는 은혜를 입어 갑자기 높은 반열에 이르러 일찍이 병조판서가 되었으나, 실로 티끌만 한 작은 도움도 없이 겨우 죄책만 면하였었는데, 뜻밖에 국상이 겨우 끝나니, 특별히 전형의 책임을 주시었으므로, 황공하여 어찌할 바를 몰랐습니다. 당초에 명령이 내리던 날에 마음에는 굳이 사양하여 어진 사람을 위한 길을 피하고자 하였으나, 우물쭈물하다가 지금에 이르렀는데, 항상 여러 사람의 비방을 부르고, 공속公餗을 엎어놓을까 거듭 경계하여 날이 갈수록 감히 조금도 편안하지 못하였습니다. 근자에 간원諫院의 관리가 말을 타고 부름에 나온 것은 일이 실례失禮에 관계되고, 죄가 또한 가볍지 않은데, 전하께서 특별히 관대하셔서 다만 좌천만 하게 하시었으니, 이것은 다름 아니라 간신諫臣을 중하게 여기는 뜻이었습니다. (중략) 뻔뻔하게 염치를 무릅쓰고 그대로 있는 것이 마음에 참으로 부끄러우니, 빌건대, 정병政柄을 파하고 유사에 회부해서 추국하여 죄를 정하여 조정을 맑게 하소서"

하였는데, 임금이 허락하지 않았다.

공속을 엎어놓을까 거듭 경계했다는 강희맹의 말은 주역 화풍정火風

鼎괘 구사의 효사에 나오는 대목으로 원문은 다음과 같다. '정鼎 절족折
足 복공속覆公餗 기형其形 악渥 흉凶, 솥의 다리가 부러져 음식물을 쏟으
니 그 모양이 좋지 않다. 흉하다.' 화풍정괘는 불을 상징하는 이괘가 위
에 놓이고 바람을 상징하는 손괘가 아래에 놓이는 모양으로 음식을 조
리하기 위해 아궁이에 솥을 걸쳐놓았는데 그 밑에서 바람이 불어와 불
이 모락모락 피어오르는 장면을 의미한다. 그래서 솥 정鼎을 괘사로 썼
다. 정鼎은 국가를 상징하고 공속은 국가의 살림을 상징한다. 강희맹은
관리들의 인사를 담당하는 이조판서라는 중책이 주어지자 자신의 능력
부족으로 국사를 그르쳐 조정에 누를 끼칠 수도 있다며 주역의 화풍정
괘를 인용하여 사직을 청했다.

부부가 있은 후에 부자가 있고,
부자가 있은 후에
군신이 있다

성종은 행운아였다. 세조의 맏아들이면서 성종의 아버지였던 의경세자는 세조가 죽을 당시 요절한 상태였다. 그래서 둘째인 예종이 왕위를 계승했지만 예종도 14개월이라는 짧은 치세를 뒤로하고 세상을 떠난다. 차기 왕의 승계 1순위 후보는 예종의 아들 제안대군이었고, 2순위 후보는 의경세자의 장남 월산대군이었다. 하지만 왕위는 의경세자의 둘째인 성종에게 돌아갔다. 명분은 제안대군은 나이가 너무 어리고(세 살), 월산대군은 몸이 허약하다는 것이었다. 하지만 이것은 표면적인 이유에 불과했다. 나이가 어리지만 제안대군은 정통성이 있었고 성인이 될 때까지 왕실의 어른 정희왕후(세조비)가 수렴청정을 할 수도 있었다. 수렴청정 기간이 10년 이상 장기간이 될 수도 있었기 때문에 제안대군을 제치는 것은 일면 합리적인 측면이 있었다. 하지만 2순위 후보인 월산대군까지 배제한 것은 명분이 약했다. 성종 즉위 후로도 월산대군은 20년 가까이 살았다. 왕위를 감당하지 못할 정도로 몸이 허약하지 않았다는 증거다. 성종이 왕위에 즉위한 가장 큰 이유는 그가 한명회의 사위였기 때문일 것이다. 실록의 행간을 유심히 읽으면 노회한 한명회가 정희왕후와 신숙주 등의 훈구대신들과 정치적 거래를 했다는 흔적을 곳곳에서 발견할 수 있다.

즉위 과정에서 우여곡절이 있었지만 즉위한 후 군왕으로서 성종은 비교적 성공한 군주로 평가할 수 있다. 조선왕조의 가장 큰 숙원 사업 중 하나이던 《경국대전》을 최종적으로 완성 반포한 것도 성종이었고, 삼사제도를 확립해 조정 내 소통 기능을 대폭 강화한 것도 성종이었다. 하지만 성종이 남긴 부정적인 유산도 만만치 않았다. 사림들의 세력을 급격하게 키워 당쟁과 사화의 단초를 제공했고, 특히 폐비 윤씨 사건은 훗날 갑자사화로 비화 조정에 피바람을 몰고 왔다. 덕 있는 임금이라면 왕비의 투기 문제는 조용히 해결할 수도 있었다. 하지만 성종은 그것을 이유로 왕비를 빈으로 강등한 후 그것도 모자라 폐서인해서 내쫓은 후 사사했다. 이런 분위기 때문이었는지 성종 때의 실록에는 신하들이 남녀 간의 윤리 문제를 유독 많이 거론했다. 1477년 8월 27일의 《성종실록》 기사다.

주강에 나아갔다. 강하기를 마치자, 시강관 최숙정이 아뢰기를,
"부부는 집안을 바르게 하는 근본입니다. 우리나라의 풍속으로 이를 보면, 반고의 《한서》에는 말하기를, '여자는 정신貞信하고 음란하지 않다'고 하고, 《대명일통지》에는 말하기를, '조선은 서로 좋아하여 혼인한다'고 하였으니, 이것은 우리나라의 상인常人의 일이고, 사대부는 반드시 이와 같지 않습니다. 부녀가 남편을 잃고 겨우 3년이 지나서 남의 처첩이

되는 자가 있습니다.《주역》의 상경에는 건곤乾坤으로 기본을 삼고, 하경에는 함항咸恒으로 비롯하였으며,《시경》에는 관저로써 머리를 삼았고,《예기》에는 이르기를, '부부가 있은 연후에야 부자가 있고, 부자가 있은 연후에 군신이 있다'고 하였으니, 부부는 인륜의 근본입니다. 원컨대 전하께서는 남녀의 분별을 삼가게 하소서"

하니, 임금이 말하기를,

"《대명일통지》에 과연 이와 같이 말하였느냐?" 하였다.

주역은 상경과 하경으로 나뉜다. 상경은 건, 곤괘로 시작하고 하경은 함, 항괘로 시작한다. 건괘와 곤괘는 하늘과 땅을 상징하며 부부를 의미하기도 한다. 택산함咸괘와 뇌풍항恒괘는 풍산점漸괘, 뇌택귀매歸妹괘와 더불어 주역의 64괘 중 남녀 관계를 뜻하는 대표적인 괘다. 최숙정이 '주역 상경에는 건곤을 기본으로 삼고 하경에는 함항으로 비롯되었다'고 한 것은 남녀의 결합으로 공동체가 시작되므로 부부 관계가 윤리의 으뜸임을 강조하는 말이다. 택산함괘는 연못을 상징하는 태괘가 위에 놓이고 산을 상징하는 간괘가 아래에 놓이는 모양으로 남자(산)가 여자(연못)를 포옹하고 있는 장면을 떠올린다. 그래서 느낄 함咸을 괘사로 썼고, 함괘의 효사는 대부분 남녀 간의 육체적 결합을 묘사하는 구절로 이루어져 있다. 뇌풍항괘는 우레를 상징하는 진괘가 위에 놓이고 바람을 상징하는 손괘가 아래에 놓이는 모양의 괘로 남자가 위에서 정기(우레)를 내뿜고 여자가 아래에서 이에 호응(바람)하는 장면을 연상케 한다. 양기와 음기의 결합을 통해 만물이 항구적으로 전승된다. 그래서 항상 항恒을 괘사로 썼다.

치세를 이루기는 어렵고 난세를 이루기는 쉽다

폐비 윤씨 건으로 조정이 어수선해진 틈을 타 사대부들 중에서도 사소한 이유로 아내를 버리는 일이 속출했다. 성종은 자신의 허물이라며 심히 부끄럽게 여긴다고 말한다. 1477년 6월 23일의 《성종실록》 기사다.

경연에 나아갔다. 《주역》을 강하다가 고괘蠱卦의 상구 상象에 이르기를, '왕후를 섬기지 않는 것은 그 뜻을 본받을 만하다' 한 데에 이르러, 검토관 성담년이 아뢰기를,
"상구의 뜻이 그러할 뿐이 아니라, 구이는 신하의 자리로서 모母의 일을 주관하는 것이 이것을 뜻하고, 육오는 임금의 자리로서 부父의 일을 주관하는 것이 이것을 뜻하는 것입니다. 그러므로 선유가 말하기를, '뜻이 있는 자는 일을 마침내 이룬다'고 하였습니다. 임금과 신하 사이에 각각 마땅히 뜻을 숭상할 따름입니다. 근자에 선비는 탐모한 뜻을 품고 사람

들은 화복의 설에 현혹되므로, 사대부의 뜻이 낮아져서 이욕에 골몰하여, 염치를 차리는 것을 졸렬하다 하고 이익을 좇는 것을 능하다 하니, 뜻을 도탑게 하여 현혹되지 않고 염정을 스스로 지키는 자가 드뭅니다”

하니, 임금이 이르기를,

“바야흐로 풍속이 비루한 것이 바로 성담년이 말한 것과 같다. 이를테면 박인창·임보형이 오명을 정처正妻에게 가하여 버리었고, 또 혼인할 즈음에 모두 그 재물을 논하고 다시 염치의 마음이 없으니, 그 풍속을 바꾸는 길은 무엇에서 말미암을 것인가? 내가 집안을 다스리지 못한 소치인데, 전일의 일은 어쩔 수 없거니와, 내 매우 부끄럽게 여긴다.”

인용된 산풍고蠱괘는 산을 상징하는 간괘가 위에 놓이고 바람을 상징하는 손괘가 아래에 놓이는 모양으로 벌레가 나무줄기를 타고 올라가면서 여기저기 갉아먹듯이 산을 휘감으면서 부는 바람이 산의 나무들을 훼손시키는 것을 연상케 한다. 그래서 벌레 고蠱를 괘사로 썼다. 검토관 성담년이 '상구상에 이르기를 왕후를 섬기지 않는 것은 그 뜻을 본받을 만하다'고 한 대목의 원문은 다음과 같다. '불사왕후不事王侯 지가칙야志可則也, 왕과 제후를 섬기지 않으니 그 뜻을 본받을 만하다.' 재야에 있는 선비들은 군주를 섬기지 않으면서 자신의 지조를 지킨다. 묵묵히 기다리면 언젠가는 부름을 받는다. 그래서 그 뜻이 본받을 만하다 했다. 성담년이 구이, 육오의 효사를 가지고 군신 관계, 부부 관계를 설명한 대목은 약간의 설명이 필요하다. 우선 간괘와 손괘가 결합해서 완성된 산풍고의 괘 모양을 보자.

위 그림에서 보듯이 산풍고는 밑에서 두 번째 효는 양효(긴 막대기 한 개)로 이루어져 있으므로 구이로 읽고, 위에서 두 번째(아래에서 다섯 번째) 효는 음효(작은 막대기 두 개)로 이루어져 있어 육오로 읽는다. 주역에서는 밑에서 두 번째 효를 신하의 자리라고 보고 위에서 두 번째 효를 임금의 자리로 본다. 우주에 태양의 자리가 따로 있고 달의 자리가 따로 있듯이 주역에서는 사회적 역할, 군신 간의 역할 분담에 따른 각자의 위치를 중요하게 여긴다. 그래서 신하의 자리에는 신하를 뜻하는 음효가 오는 것을 길하게 여기고, 임금의 자리에는 임금을 뜻하는 양효가 오는 것을 길하게 여긴다. 거꾸로 되어 있으면 흉하다고 본다. 고괘의 경우 임금의 자리에 신하가 있고 신하의 자리에 임금이 있어 흉한 형상이며 그래서 벌레를 괘사로 썼다. 성담년이 '구이는 신하의 자리로서 모母의 일을 주관하는 것이 이것을 뜻하고, 육오는 임금의 자리로서 부父의 일을 주관하는 것이 이것을 뜻한다'고 한 것은 신하와 임금이 모두 제 역할을 하지 못하는 상황을 가리킨다. 신하와 임금은 공적 영역에서 국사를 돌봐야 하는 사람들인데 사적 영역인 가정사에 개입하므로 모양이 좋지 않다고 본 것이다. 성담년은 성종이 폐비 윤씨를 내쫓고 사대부들이 부인을 내쫓는 일들이 반복되면서 공동체의 윤리가 무너지는 상황을 주역의 산풍고괘에 빗대 비판하고 있다. 성종은 자신의 허물이라며 자책한다. 신하의 지적을 겸허하게 수용하는 모습이 인상적이다.

위 실록의 에피소드는 폐비 윤씨를 빈으로 강등한 후 조정 신하들의 반응을 기록한 것이다. 성종은 경연에서 자신의 과오를 뉘우치고 있지만 그 후 성종과 윤씨의 관계는 더욱더 악화된다. 조정 신하들은 혹여 그러다 성업이 흔들릴 수도 있다며 성종에게 수성의 중요성을 간언한다. 1477년 12월 25일《성종실록》의 기사다.

주강에 나아갔다.《주역》을 강하다가 '태泰는 통通이니, 물物은 마침내 통하기만 할 수는 없다. 그래서 비괘否卦로써 받는다'고 한 데에 이르러, 동지사 이승소가 아뢰기를,
"대저 치세를 이룬다는 것은 어려운 것이기 때문에, 처음에는 둔괘屯卦·몽괘蒙卦·송괘訟卦·비괘比卦·소축괘小畜卦를 말한 뒤에 태괘泰卦에 이르렀고, 난세를 이루기는 쉽기 때문, 곧 비괘否卦로써 연계하였으니, 성인의 괘를 만든 뜻이 깊습니다. 이는 인군人君으로 하여금 수성守成이 쉽지 않다는 것을 알게 하고자 함입니다." 하였다.

주역 64괘에는 차례가 있다. 건괘로 시작해서 곤괘, 둔괘, 몽괘, 수괘, 송괘, 사괘, 비괘, 소축괘, 리괘, 태괘로 이어지고 태괘 이후에는 비否괘가 바로 이어진다. 삼라만상의 변화에는 일정한 규칙이 있기 때문에 주역 괘의 순서는 매우 중요하다. 그래서 공자는 괘가 진행되는 순서와 거기에 담긴 메시지를 총괄적으로 풀이하는《서序괘전》을 썼다. 태괘는 태평성세를 의미하고 비否괘는 그 반대 즉 난세를 의미한다. 태평성세는 여러 가지 난관—경색국면을 뜻하는 둔괘, 어리석음을 뜻하는 몽괘, 소송을 뜻하는 송괘 등—을 거친 후에 오는 반면 비괘는 바로 이어진다. 그래서 이승소는 치세를 이루기는 어렵고 난세를 이루기는 쉽다고 했다.

8

연 산 군

주역의 경고에
귀를 닫다

어두운 방 안을
밝히기 위해
스스로 창문을 뚫는다

연산군은 재위 중반까지만 해도 군주로서 손색없었다. 빈민을 구제하는 가 하면 학문을 장려하기 위해 사가독서賜暇讀書 제도를 실시했고, 왜구 와 오랑캐를 토벌하여 국방을 튼튼히 했다. 세금과 노역을 피해 도첩도 없이 무단으로 승려가 되려 하는 자들을 공역에 배치해 정리하면서 "백 성들이 중이 되는 게 어찌 그들이 거친 밥과 나물국을 즐기기 때문이겠 는가? 나라에서 한 명도 빠짐없이 노역을 시켜 농사를 지을 수 없어서 출가하는 것이니, 농사에 전력하게 하여 생계를 넉넉하게 만들 방법을 찾으라"고 명할 정도로 국정에 대한 이해도 밝았다. 성격이나 리더십도 대체로 무난했다. 신하들이 헌천홍도경문위무대왕憲天弘道經文緯武大 王이라고 하는 존호를 올렸지만, 연산군은 자신에게 과분하다고 물리쳤 다. 세 명의 대비를 극진히 모실 정도로 효심도 깊었다.

하지만 세종과 세조, 성종 등 역대 군주들이 공을 들였던 경연을 자주

빼먹는 등 군주로서 일탈을 일삼아 신하들을 불안하게 했다. 경연에 나가면 필히 신하들로부터 귀에 거슬리는 말을 들어야 했기 때문에 고의적으로 태업한 것이었다. 젊은 군주에게서 폭군의 기질을 간파한 대간들은 집권 초기부터 연산군과 첨예한 대립각을 세웠다. 영의정 노사신의 전횡을 문제 삼던 대간을 연산군이 옥에 가둬버리자 이들은 연합으로 상소문을 올려 연산군을 압박한다. 1495년(연산 1년) 7월 16일의 《연산군일기》다.

예로부터 간웅奸雄들이 임금을 그르치고 자신을 이롭게 하는 술책이 하나 둘로 헤아릴 정도가 아니었지만, 역시 나라를 망칠 말을 입 밖에 낸 것이 노사신처럼 심한 자는 있지 않았습니다. (중략) 직언直言하는 벼슬아치를 죄주어 직언하는 길을 막는 것도 난망亂亡을 면하지 못하는 것이니, 노사신이 어찌 요량을 못 하였겠습니까. (중략) 사신이 만약 바른 의논을 드렸다면 한 마디 말로써 구할 수 있었을 것입니다. 이는 정히 납약納約의 문호[牖]인데 도리어 가리었으니, 대저 임금을 섬기는 이는 오직 그 임금이 요·순 같은 임금이 되지 못할까 걱정하는 것이며, 그렇지 않는 자는 반드시 간적奸賊의 마음을 품은 자입니다. (중략)

전하께서 선왕의 통서統緖를 계승하여 태평한 업을 맡으셨으니 나라가 금구金甌처럼 튼튼하여 비록 간사한 자가 있더라도 틈을 타서 사술을 부릴 수 없다고 생각되셨기 때문에 신들의 말을 듣지 않는 것입니까. 이와 같으시다면 어찌 국가의 큰 화가 되지 않으리까. 대저 환란이 싹틈은 반드시 태평한 때에 조짐이 있는 것이어서 마치 달이 차면 반드시 이지러지고, 해가 중천에 오면 반드시 기울어지는 것과 같습니다. 그러므로 태

泰의 극極을 당하여 복황覆隍을 경계한 뒤라야 견고한 포상苞桑에 매게 될 수 있는데, 더구나 지금 신정新政의 처음에 있어 벌써부터 만족함을 느끼어 간신의 말만 신용하고 귀에 거슬리는 충언을 굳이 거절하며, 앉아서 해가 기울어지고 달이 이지러지는 형세를 기다려 노사신의 한 마디 말로 인하여 종막을 지으려 하시니, 어찌 통분치 않겠습니까.

대간들의 상소에 인용된 주역의 괘는 세 가지다. 먼저 납약의 문호라는 대목은 주역 중수감괘重水坎卦 육사 효사에 나온다. 원문은 납약자유納約自牖다. 중수감괘는 물구덩이를 상징하는 감괘가 아래위로 겹쳐져 있는 모양인데 엎친 데 덮친 격으로 어려움이 가중되는 상황을 가리킨다. 납약자유는 어두운 방 안을 밝히기 위해 스스로 창문을 뚫는 행위를 가리키며 악화된 상황을 타개하기 위해 적극적으로 자구책을 강구한다는 의미로 쓰인다. 대간들은 영의정 노사신이 연산군을 설득하여 직언을 하다가 옥에 갇힌 대간을 구해줘야 하는데 거꾸로 창문을 폐쇄하여 빛을 차단한다며 노사신을 비난했다.

태泰의 극極을 당하여 복황覆隍을 경계한다는 대목은 주역 지천태괘地天泰卦의 상육 효사에 나온다. 원문은 성복우황城復于隍이다. 지천태괘는 땅을 상징하는 곤괘가 위에 놓이고 하늘을 상징하는 건괘가 아래에 놓이는 괘로 태평성대를 뜻한다. 앞서 보았듯이 하늘이 겸양지덕을 발휘해 아래에 처하고 땅을 높여 위에 처하게 함으로써 완벽한 소통이 이루어지는 태평성세를 일컫는다. 하지만 그런 태평성대는 오래가지 않는다. 태평의 기운이 극에 달하면 혼란이 오니 미리 경계하라고 가르친다. 그래서 성복우황의 경계라고 했다. 성복우황은 해자를 파서 그 흙으로 성을 쌓았는데 시간이 지나 성이 허물어져 다시 그 흙으로 해자를 메운다는 뜻이다. 대간들은 연산군이 선왕(성종)이 이룩한 태평성대의 업적에 도취되어 집권 초기부터 노사신 같은 간신의 말에 귀를 기울이면 언젠가는 후회할 날이 온다고 경고했다.

견고한 포상에 매게 된다는 대목은 주역의 천지비괘天地否卦 구오 효사에 나오는 구절로 원문은 계우포상繫于苞桑이다. 천지비괘는 지천태괘와 대척점에 있는 괘로 하늘을 상징하는 건괘가 위에 있고 땅을 상징하는 곤괘가 아래에 놓여 있는 괘다. 각자가 자기 고집만을 내세우고 상대를 배척함으로써 소통이 전혀 이루어지지 않는 불통의 상황을 뜻한다. 계우포상은 뽕나무에 단단히 맨다는 뜻으로 앞날을 위해 철저하게 경계한다는 의미로 쓰였다. 대간들은 연산군이 간신에 둘러싸여 신하들의 직언을 계속 물리칠 경우 나라가 망하는 지경에 이를 것이며 그때 가서 경계해봐야 늦을 것이라며 미리 대비하라고 간청한다. 연산군이 신하들의 고언을 약으로 삼았더라면 사후에 패륜적 폭군으로 낙인찍히는 일은 없었을 텐데 안타깝게도 그는 주역의 경고에 귀를 닫았다.

주머니를 잡아매듯
입을 다물게 하니
성군의 길은 요원하다

연산군은 패륜적 폭군이라는 시각이 지배적이다. 주류 학자들은 대체로 이런 시각으로 연산군의 치세를 평가한다. 하지만 실록의 행간을 유심히 읽으면 그런 평가를 납득하기 어렵게 하는 기사들이 많이 발견된다. 가장 알기 쉬운 예를 하나 들어보자. 《연산군일기》에는 흥청이라는 기생들을 수천 명, 많게는 1만 명 뽑아서 경복궁 앞마당에 불러다 놓고 흥청망청 연회를 즐기면서 국고를 탕진했다고 기록되어 있다. 하지만 이 기록은 다분히 과장되었거나 사실을 왜곡했을 가능성이 크다. 흥청은 조선시대에 노래 솜씨나 악기 다루는 솜씨가 뛰어나 중앙 관서에 배속된 예술인들을 가리키는 용어다. 《경국대전》에는 흥청이라는 조직의 구성과 배속 인원에 관한 규정이 나온다. 흥청은 요즘으로 말하면 국립중앙극단의 정식 멤버인 셈이다. 연산군은 오히려 흥청들을 기생처럼 불러다가 연회를 즐기는 사대부들의 관행에 제동을 건 군주였다.

연산군이 사냥을 즐기기 위해 한양 도성 사방 100리에 금표를 쳐 사람들의 출입을 통제했다는 기록도 왜곡되고 과장된 것이다. 100리라면 40km다. 서울을 비롯한 수도권 일대에 사는 사람들의 이동이나 거주 등을 전부 금지할 정도로 연산군이 사냥에 탐닉했다는 것은 상식적으로 말이 되지 않는다. 연산군은 국방력 강화 차원에서 군사 훈련과 사냥을 겸한 순무 활동을 자주 했고 문치주의에 경도된 문신들은 이를 반대했다. 순무를 반대하는 신하들에게 연산군은 "오랑캐가 쳐들어오면 당신들은 붓으로 그들을 대적할 것이오?" 하고 묻기도 했다. 무신정치를 꿈꾸는 군주와 문신정치를 이상으로 여기던 사대부의 갈등은 무오사화, 갑자사화를 거치면서 극한으로 치달았고 이것이 결국은 중종반정으로 이어졌다.

연산군은 정권 초기부터 훈구대신들을 상당수 내쳤다. 그 후 젊은 사림들을 적극 기용해 그 빈자리를 메웠더라면 조정의 분위기를 일신하면서 왕권을 강화하는 이중의 효과를 거둘 수 있었을 것이다. 하지만 연산군은 세조나 숙종과 같은 권도를 쓸 줄 몰랐다. 훈구대신들을 내친 후 사림들까지도 적으로 만들어버림으로써 정치적 기반을 스스로 허물었다. 군왕으로서 당연히 갖추었어야 할 정치력의 부족, 이것이 연산군을 패주로 만든 결정적 요인이었다. 이런 분위기를 반영하듯 연산군 치세에는 초반부터 대간들과 관련한 상소가 줄을 잇는다. 즉위 이듬해인 1495년 6월 30일과 7월 21일의 《연산군일기》 기사다.

판중추부사 손순효가 상소하기를,

"듣자오니, '전하께서 대간이 간언한다 해서 모두 갈고 또 옥에 가두었다' 하니 그 시말은 상세히 알 수 없으나, 다만 전하께서 새로 보위에 오르셨으니, 널리 언로를 열고 즐겁게 바른 말을 들으신다 해도 오히려 할 말을 다하는 자가 드물 것인데, 하물며 뇌정雷霆 같은 위엄으로써 억누르시면 누가 감히 제 몸을 아끼지 않고 그 위엄을 범하려 하리까. 형세는 장차 침묵을 지키게 되어 말하기를 '주머니 주둥이를 잡아매듯 입을 다무는 것이 어려운 때에 처신하는 길이다'라고 할 것이니, 전하께서 요·순·우·탕·문·무 같은 성군이 되렵니까? 아니면, 삼대 이하의 임금이 되려 하십니까?"

홍문관에서 상소하기를,
"삼가 상고해 보오니, 《주역》 명이明夷의 육사에 이르기를 '왼쪽 배左腹로 들어갔으니, 명이의 마음을 얻었다' 하였고, 정이는 이를 해석하기를 '음사한 소인이 높은 지위에 있어 은벽한 길로 말미암아 깊이 그 임금의 배 속으로 들어갔다' 하였으며, 또 말하기를 '무릇 간사한 소인이 그 임금에게 미덥게 보이는 것은 다 그 마음을 빼앗은 까닭이니, 그 마음을 빼앗지 못했다면 능히 깨달음이 없을 수 있겠는가'
하였습니다."

손순효의 상소문에 인용된 문구는 주역 중지곤괘 육사의 효사에 나오는 구절로 원문은 다음과 같다. '괄랑括囊 무구무예无咎无譽, 주머니를 묶으니 허물도 영예도 없다.' 육사는 임금의 자리인 육오 바로 아래에 위치하며 군주를 가까이에서 보필하는 참모를 상징한다. 군주를 보좌하는 측근 참모가 주머니를 묶는다는 것은 입을 닫는다는 것이다. 군주의 귀에 거슬리는 고언이나 충언은 입 밖에 내지 않는 보신주의를 뜻한다. 시류에 따라 군주의 기분을 맞추면서 적당하게 처신을 하니 허물도 없고 영예도 없다고 했다.

홍문관의 상소문에 인용된 문구는 지화명이괘의 육사 효사에 나오는 구절로 원문은 다음과 같다. '입우좌복入于左腹 획명이지심獲明夷之心 우출문정于出門庭, 왼쪽 배로 들어가 명이의 마음을 얻은 후 문밖의 뜰로 나온다.' 지화명이괘는 땅을 상징하는 곤괘가 위에 놓이고 불을 상징하는 이괘가 아래에 놓이는 모양으로 밝은 불이 땅속에 갇혀 차츰 꺼져가는 것처럼 치세가 난세로 바뀌는 현상을 의미한다. 그래서 명이明夷를 괘사로 썼다. 이夷는 오랑캐 이가 아니라 멸할 이로 쓰였다. 육사 효사는 앞서 보았던 것처럼 측근 신하의 자리다. 왼쪽 배로 들어가 명이의 마음을 얻어 문밖의 뜰로 나온다는 것은 측근에 있는 신하가 아첨하는 말로 군주의 마음을 빼앗는다는 뜻이다.

9

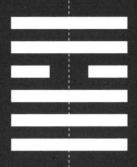

중종

주역으로 간신을
멀리하다

돼지의 어금니를
빼어 말리니
길하다

유자광에 대한 평가는 엇갈린다. 혹자는 임사홍과 함께 조선시대 최고의 간신으로 꼽지만 일각에서는 그를 정치적 풍운아로 부른다. 갑사로서 경복궁의 동문인 건춘문을 지키다 남원으로 내려가 복무 중이던 유자광은 이시애의 난이 발발했다는 소식을 듣고 세조에게 난을 평정할 수 있는 계책을 써서 올린다. 유자광의 상소를 본 세조는 무릎을 치고 경탄하면서 이렇게 말했다. "이 글은 내 뜻에 매우 합당하다. 유자광은 참으로 기특한 재목이니 곧 임용해 그의 옳은 뜻을 시행토록 하겠다." 세조는 유자광을 정5품인 병조정랑에 임명했다. 대간들이 나서 서자를 허통할 수 없다고 강력히 반대하자 세조는 단호하게 이들을 물리쳤다. "너희들 가운데 유자광 같은 자가 몇 사람인가? 나는 절세의 재목을 얻었다고 생각하니 다시 말하지 말라."

이시애의 난이 조기에 진압되자 세조는 유자광을 더욱더 신임했다.

재위 마지막 해 세조는 세자와 함께 온양으로 행차했는데 유자광이 총통장으로 수행했다. 거기서 행차를 기념해 별시를 치렀는데, 문과 초시의 대책 중에 유자광의 답안이 낙방하자 세조는 시험을 주관한 신숙주에게 물었다. "유자광의 답안이 좋은 것 같은데 어째서 합격시키지 않았는가?" 신숙주는 "고어만 사용한 데다 문법도 소홀해 합격시키지 않았다"고 답했다. 그러자 세조는 "고어를 썼더라도 묻는 본의에 어긋나지 않았다면 괜찮다"면서 유자광을 1등으로 삼고 즉시 병조참지(정3품)에 제수했다. "온 조정이 놀라워했다"는 실록의 기록이 있을 정도로 파격적인 인사였다. 유자광은 이시애의 난을 계기로 세조에게 발탁된 지 8개월 만에 갑사에서 정3품 당상관에 오른 것이다. 그야말로 벼락 출세였다. 이때 그의 나이는 29세였다.

바람막이였던 세조가 죽고 예종이 즉위하자 유자광의 입지는 흔들렸다. 유자광은 예종 때 도승지 현석규와 우승지 임사홍의 대립으로 촉발된 무술옥사 당시 승지들을 '너'라고 불렀다는 이유로 대간들의 탄핵을 받아 동래로 유배된다. 유자광이 다시 한번 도약한 것은 연산군 때였다. 유자광은 김종직이 지은 조의제문에 역모의 숨은 뜻이 있음을 밝혀내 연산군에게 일렀고, 연산군은 이를 빌미로 김종직을 처형하고 그의 스승 김일손을 부관참시하는 등 사림을 쑥대밭으로 만들었다. 무오사화의 주역으로 연산군의 신임을 얻은 유자광은 갑자사화 때도 임사홍과의 친분을 활용해 나름의 공을 세운다. 하지만 말년의 연산군이 그를 따돌리자 유자광은 다시 한번 놀라운 정치적 변신을 시도한다. 중종반정이 일어났을 때 유자광은 반정 세력에 적극 가담해 1등 공신에 책봉된다. 하지만 거기까지였다. 사림이 주축이 된 대간들은 유자광의 과거를 들추

어내 그를 집요하게 탄핵했고 유자광은 중종 2년 두 번째 유배를 떠난다. 그리고 유배지에서 파란만장한 생을 마감했다. 대간들과 유자광의 악연은 그의 죽음 이후까지도 이어졌다. 대간들은 중종에게 상소문을 올릴 때마다 유자광의 전례를 인용해 논리적 정당성을 떠받히는 근거로 삼았다. 1518년 5월 19일의《중종실록》이다.

자고로 나라를 망치고 어지럽게 한 자가 어찌 한이 있겠습니까마는, 신 등이 늘 멀리서 끌어다가 비유하지 않고 매양 유자광, 임사홍의 일을 가지고 거듭 논변하는 것은 진실로 전하와 여러 신하들이 다 함께 목도한 일이기 때문입니다. 마땅히 살필 일을 살피지 않고, 경계해야 할 일에 경계하지 않으시며, 의심을 품고 결단을 내리지 아니하여 기미를 놓치게 되면, 흉모兇謀는 더욱 방자하고 간술奸術은 날로 드러나서 그의 권세를 거둘 수도 없고 막을 수도 없으며, 조만간에 화란禍亂이 일어나 조정의 신하는 모두 어찌할 바를 모르게 될 것이니, 어찌 슬픈 일이 아니겠습니까?《주역》에서는 '분시지상豶豕之象'을 중히 여겼고,《서경》에서는 '거사지계去邪之戒'를 신중히 할 것을 말하였습니다. 원하옵건대 전하께서는 용단을 내리시어 흉물을 죄주는 법을 바로하심으로써, 군자는 믿을 데가 있고 소인은 두려운 것이 있게 하소서.

상소문에 인용된 분시지상豶豕之象은 주역 산천대축괘山川大畜卦 육오 효사에 나오는 구절로 원문은 이렇다. '분시지아豶豕之牙 길吉, 돼지의 어금니를 빼어 말리니 길하다.' 산천대축괘는 산을 상징하는 간괘가 위에 놓이고 하늘을 상징하는 건괘가 아래에 놓이는 괘로 상전에서는

'하늘이 산 가운데에 있음이 대축인데 군자가 예전의 말과 행함을 많이 알아 그로써 덕을 쌓는다'고 괘의 의미를 해설한다. 옛 성현들이 남긴 어록과 발자취를 거울 삼아 군주의 덕을 쌓고 그로써 다가올 미래를 대비하라는 취지다. 그러기 위해서는 돼지의 어금니와 같이 부담스러운 물건들은 사전에 미리 제거해야 한다는 것이 분시지아다. 대간들은 유자광, 임사홍을 조정에서 물리치라고 탄핵한 옛 충신들의 사례를 거울 삼아 간신들을 미리 제거하는 것이 나라에 이롭다며 중종에게 상소를 올렸다.

곧음을 굳건히 하여
사물의 근간이
되게 한다

중종의 개혁 정치가 성공을 거두었더라면 연산군을 폐위시키고 집권한 중종반정이 역사적 정당성을 얻을 수 있었을 것이다. 하지만 조광조의 사례에서 알 수 있듯이 중종은 개혁을 제대로 완수하지 못했다. 연산군이 폐지했던 성균관을 부활시키고 젊은 사림들을 대거 등용하는 등 개혁을 위해 나름의 의욕을 보였지만 집권 중반기를 넘어서면서부터는 훈구대신들의 반발에 편승해 개혁의 흐름을 스스로 포기하고 말았다.

조광조는 아버지가 함경도 지방에 지방관으로 파견되어 근무할 무렵, 마침 그곳에서 유배 생활을 하던 '소학군자小學君子' 김굉필에게서 학문을 배웠다. 중종 5년 생원시에 합격한 후 조정에 들어온 조광조는 이내 사림의 대표 주자로 이름을 날린다. 조광조는 민본정치, 도학정치를 슬로건으로 내세우며 조정의 분위기를 장악했고 그런 조광조의 행보는 이내 중종의 눈길을 끌었다. 연산군 시절의 적폐 청산을 정권 창출의 명분으로 내세웠던 중종에게 조광조는 최적의 정치 파트너였다. 중종은 조광조에게 전권을 위임하다시피 했고 조광조는 임금의 지지를 등에 업고 거침없이 개혁을 주도했다. 하지만 현실을 도외시한 조광조의 급진적 이상주의는 훈구대신들의 반발을 불렀다. 조광조가 중종반정 공신들의 위훈삭제를 들고 나오자 남곤, 심정 등의 훈구대신들은 조광조를 비롯한 사림에 역모 혐의를 씌워 단칼에 제거했다. 이른바 기묘사화다. 조광조에 대한 후세의 평가는 다양하지만 율곡 이이의《동호문답》에 나오는 다음 평가가 가장 객관적이다.

> 오직 한 가지 애석한 것은 조광조가 출세한 것이 너무 일러서 경세치용의 학문이 아직 크게 이루어지지 않았고 같이 일하는 사람들 중에는 충현도 많았으나 이름나기를 좋아하는 자도 섞이어서 의논하는 것이 너무 날카롭고 일하는 것도 점진적이지 않았으며 임금의 마음을 바로잡는 것으로 기본을 삼지 않고 겉치레만을 앞세웠으니, 간사한 무리가 이를 갈며 기회를 만들어 틈을 엿보는 줄을 모르고 있다가, 신무문이 밤중에 열려 어진 사람들이 모두 한 그물에 걸리고 말았다. 이때부터 사기가 몹시 상하고 국맥이 끊어지게 되어, 뜻있는 사람들의 한탄이 더욱 심해졌다.

기묘사화(1519년)가 있기 전까지 경연은 조광조를 비롯한 사림이 주도했다. 토론 과정에서 특별히 짚어야 할 부분이 있을 때는 훈구대신들도 사림의 의견을 물었고 이들은 막힘없이 탁견을 쏟아냈다. 다음 에피소드에서도 그런 분위기가 읽힌다. 1518년 9월 15일의《중종실록》기사다.

상이 사정전에 나아가 유생 최계성 등 3인을 강하고, 이어서 입시 재상 정광필 등에게 《대학》을 강론하게 하였다. 정광필이,

"여기서 말한 '남의 임금이 되어서는 인仁에 머물고, 남의 신하가 되어서는 경敬에 머물고, 남의 아버지가 되어서는 자慈에 머물고, 남의 자식이 되어서는 효孝에 머물고, 나라 사람과 사귐에는 신信에 머문다' 등의 말은 사람들이 보통으로 하는 말인데, 임금에게만 반드시 '인仁'이라 한 것은 무슨 까닭인가?"

하고는 부제학 조광조를 지목하며,

"부제학 등이 자세히 말하시오"

하니, 조광조가 아뢰기를,

"남의 임금이 되어서 인에 머문다는 것은 임금 혼자만이 하는 것이요 다른 사람은 인을 하지 않는다는 말이 아닙니다. 인이란 천지가 만물을 낳는 이치로서 끊임없이 낳고 낳아서 가장 긴절한 것입니다. 임금은 천하에 임금 노릇하고 일국을 다스리므로 인덕仁德을 체득하여 만물이 각각 그 본성을 얻게 한 뒤에라야 천지에 동참할 수가 있습니다. 인은 사덕四德을 모두 다 포함하고 있으므로 인도仁道를 다 실행하게 되면 예·의·지 세 가지는 자연 그 속에 다 있게 됩니다." (중략)

김정국이 아뢰기를,

"인仁이란 마음의 덕이고 사랑의 이치인데, 마음의 덕은 인의 전체이고 사랑의 이치는 인의 한 단서입니다. 천도天道로써 말씀드리면 인은 곧 원元이고, 형亨과 이利·정貞이 그 속에 포함됩니다. 천도는 원에서 형, 형에서 이, 이에서 정에 이르고, 정에 이르면 다시 원이 됩니다."

정광필은 훈구대신이었지만 조광조를 비롯한 사림들에게 우호적이었다. 기묘사화 때는 조광조의 편을 들다가 유배를 떠나기도 했다. 정광필의 물음에 대해 조광조는 성리학의 근간인 4덕론(인, 의, 예, 지)을 근간으로 자신의 의견을 피력했고, 김정국은 주역을 빌려 이를 보충 설명했다. 김정국도 사림의 대표적 인물 가운데 한 사람이었으며 기묘사화 때 삭탈관직 되었다. 김정국이 언급한 원, 형, 이, 정은 하늘이 갖추고 있는 네 가지 덕 또는 사물의 근본 원리를 말한다. 주역 64괘에 자주 언급되는데 가장 먼저 나오는 건괘의 원문은 다음과 같다. '건乾 원元 형亨 이利 정貞, 건은 원형이정이다.' 《문언전》에는 원형이정을 다음과 같이 풀이하고 있다. '원은 착함이 자라는 것이요, 형은 아름다움이 모인 것이요, 이는 의로움이 조화를 이룬 것이요, 정은 사물의 근간이다. 군자는 인을 체득하여 사람을 자라게 할 수 있고, 아름다움을 모아 예에 합치시킬 수 있고, 사물을 이롭게 하여 의로움과 조화를 이루게 할 수 있고, 곧음을 굳건히 하여 사물의 근간이 되게 할 수 있다. 군자는 이 네 가지 덕을 행하는 고로 건은 원형이정이라고 하는 것이다.'

기묘사화로 조광조와 사림들의 개혁정치는 좌절됐다. 그 후 명종 초에 발생한 을사사화로 사림의 세력은 다시 한번 크게 위축된다. 하지만 시대의 대세를 거스를 수는 없었다. 사림이 주장하는 민본정치는 주역에서 말하는 원형이정처럼 조선의 중추적 이념으로 서서히 뿌리를 내려갔다.

짐을 지고
수레를 타니
도둑이 이른다

조광조가 실각한 후 남곤이 일시적으로 권력의 핵심으로 등장했지만 오래 살지 못하고 죽었다. 남곤의 빈자리를 이은 이행, 심정 등이 메웠지만 이들의 능력은 고만고만했다. 중종으로서는 조정 신료들을 이끌어갈 수 있는 리더가 필요했는데 이들은 그런 필요를 충족시키지 못했다. 그 자리를 파고든 인물이 바로 김안로였다. 김안로는 한때 대간들의 탄핵을 받아 유배를 갔었지만 아들인 부마 김희(중종의 딸 효혜공주의 남편)를 이용해 궁중에 로비, 다시 벼슬길에 오른다. 정치적 권모술수가 뛰어났던 김안로는 중종의 입장에서 권력의 공백을 메울 수 있는 적임자였다. 김안로는 연산군 때의 임사홍과 비슷한 인물이었다. 중종의 신임을 업은 김안로는 이행, 심정 등 권신들을 제거하고 권력을 완전히 장악했다. 작서의 변을 꾸며 중종의 총애를 받던 경빈 박씨와 복성군을 제거한 후에는 조정이 김안로의 독무대로 변했다. 하지만 그 후 경원대군을 등에 업은 문정왕후와 윤원형, 윤원로 형제들과 대립각을 세워 이들마저 숙청하려 하다가 거꾸로 당한다. 중종은 국모를 상대로 권력 게임을 벌이는 김안로를 더 이상 두고 볼 수 없었다. 그래서 대간들을 움직여 김안로를 탄핵하게 했고 이를 이용해서 전격적으로 김안로를 제거한다. 막후 정치의 달인이었던 중종은 조광조를 쳐낼 때와 똑같은 방식으로 김안로를 제거했다. 아래 에피소드에 당시의 분위기가 잘 드러난다. 1537년 10월 24일 《중종실록》 기사다.

양연에게 전교하기를,

"내가 김안로의 일과 관련해서 여러 사람들의 뜻이 어떠한지 보고자 한다."(중략) "대체로 국권은 의당 위에 있어야지 아래에 있어서는 안 된다. 권간이 있어 큰 권력을 농간하면 붙좇는 자가 많게 되니 나라의 대세가 어찌 위태롭지 않겠는가. (중략) 내가 부덕하여 사람을 쓰는 도리에 어두워서 매양 이런 일을 당하니 참으로 부끄럽다. 시비를 정하려면 널리 여러 사람의 의견을 채납하지 않을 수 없으니, 경들은 모두 말하라."

(중략) 윤임이 아뢰기를,

"신과 김안로는 일가여서 그의 사람됨을 잘 아는데, 원래 성질이 너무 가혹합니다."(중략)

윤인경이 아뢰기를,

"안로는 성질이 집요하기 때문에 나랏일을 그르친 것이 많습니다." (중략)

상이 이르기를,

"윤원로 등이 말한 '김안로 등이 국모를 폐하려 한다'는 것은 과연 어디서 나왔는가?"

임백령이 아뢰기를,

"왕실의 지친으로 헛된 말을 얽었으니, 그 죄는 면할 수 없습니다"

하였다. (중략) 승효가 아뢰었다.

《주역》에 '짐을 지고서 수레를 타면 도둑이 이른다' 하였는데 이는 소인이 군자의 자리를 차지하면 반드시 화가 이른다는 말입니다. 대체로 임금이 신임하는 사람이 현명하면 나라가 다스려지지만, 소인일 경우에는 그 영화와 총애를 믿고 끝내 못 하는 짓이 없게 됩니다. 당초에 그의 현명 여부를 살펴 임용하였다면 어찌 이런 일이 있었겠습니까."

신하들의 의견을 듣는 형식을 취하고 있지만 사실은 각본에 따라 김안로를 탄핵하는 자리였다. 조정 대신들은 중종의 의중을 읽고 있었고 일제히 김안로를 성토한다. 내용이 길기에 압축해서 인용했지만 임금과 신하들이 장단을 맞춰 김안로를 탄핵하는 분위기는 그대로 전해진다. 인용된 주역의 구절은 뇌수해괘 육삼 효사에 나오는 대목으로 원문은 다음과 같다. '부차승負且乘 치구지致寇至, 짐을 짊어지고 수레를 타니 도둑이 이른다.' 뇌수해괘는 우레를 상징하는 진괘가 위에 놓이고 물을 상징하는 감괘가 아래에 놓이는 모양으로 천둥번개가 치고 폭우가 쏟아지는 악천후를 연상케 한다. 사람들은 무장 해제된 상태에서 악조건을 견뎌야 한다. 그래서 해解를 괘사로 썼다. 이런 상황에서는 최대한 몸집을 가볍게 해야 한다. 가진 것을 더 움켜쥐면 오히려 역효과가 난다. 짐을 지고 수레에 탄다는 것은 탐욕스러운 상황을 가리키며 도둑이 이른다는 것은 그런 과도한 탐욕이 스스로에게 재앙을 초래하는 것을 의미한다. 김안로는 신하 된 자가 지나친 권력욕으로 왕실에 맞서다가 스스로 화를 불렀다.

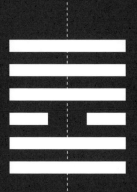

10

광해

주역으로 중립을
이루다

지나치면 반드시 후회하니
치우치지 말고
기울지 말라

명나라가 파견한 5만 대군은 임진왜란을 극복하는 데 큰 힘이 되었다. 하지만 그것이 명나라에는 족쇄로 작용했다. 명의 국력이 약해진 틈을 타 누르하치는 만주의 여진족을 통일해 후금(청)을 세웠다. 여진족이 한창 세력을 키우고 있을 무렵 조선의 군주는 광해군이었다. 광해는 탁월한 정치 감각으로 명과 후금 사이에서 세력 균형을 꾀했다. 후금에 고전하고 있던 명나라를 지원하기 위해 강홍립의 군대를 파견했지만 강홍립은 명나라를 도우는 척하다가 후금에 투항했다. 광해의 중립외교 덕택에 조선은 대륙의 권력 교체기에서 화를 피할 수 있었다. 광해의 중립적 성향을 읽을 수 있는 실록의 에피소드가 하나 있다. 1613년 8월 18일의 《광해군일기》 기사다.

양사가 또 황신을 멀리 내쫓으라고 청했는데, 답하기를,

"지나치면 반드시 후회하게 된다고 《주역》의 단사彖辭에 말이 있으며,
치우치지 말며 기울지 말라고 성인이 가르치셨다. 이미 부쳐했으니 다시
번거롭게 논하지 말라"

하였다.

황신은 임진왜란 발발 직전 해인 1591년 조정을 강타했던 건저建儲
문제 당시 서인 정철 일파로 몰려 파직당했다. 임진왜란 때는 세자이던
광해군을 따라 남하해 체찰사의 종사관이 되었다. 그러한 인연으로 광
해군이 왕으로 즉위한 후 신임을 받는다. 정인홍의 사주를 받은 문경호
가 자신의 스승인 성혼을 비난하자 이를 변호하다가 삭탈관직을 당하기
도 했지만 광해의 신임은 여전했다. 그 후 복귀해서 공조판서, 호조판서
를 지냈으며 1612년에는 임진왜란 때 광해군을 시종한 공로로 위성공
신衛聖功臣 2등에 책록되었다. 이듬해 계축옥사가 일어났을 때 대간들
이 수십 차례 황신의 파직과 유배를 건의했지만 광해는 이를 받아들이
지 않다가 막판에 가서야 마지못해 수용했다. 위의 에피소드도 그런 장
면 가운데 하나다.

광해가 인용한 구절은 역대 주역 해설을 집대성한 〈주역대전〉의 주희
편에 나오는 대목으로 원문은 다음과 같다. '불편불의不偏不倚 무과불급
無過不及, 어느 한쪽 편으로 쏠리거나 기울지 않는다. 지나치지도 모자
라지도 않는다.' 주희는 주역의 핵심을 중中으로 봤고, 정조는 '주역은 성
리학 경전의 모본母本이며 중용은 주역의 핵심 메시지를 요약한 인본印
本'이라고 말했다. 주역 건괘의 효사에 나오는 '항용유회(亢龍有悔, 너무
높이 오른 용은 반드시 후회한다)'가 주역의 중용사상을 보여주는 대표적인

구절이다. 광해도 주역에서 취해야 할 가르침 가운데 가장 중요한 것이 중용이라고 본 것이다. 광해는 명나라나 청나라 어느 한쪽으로 치우치지 않는 중립외교가 조선에 가장 좋은 노선이라고 봤다. 강홍립의 투항 건도 광해의 그런 인식이 뒷받침된 사건이었다.

광해를 왕에서 군으로 격하시킨 인물들은 이귀, 김자점, 이괄, 최명길 등 서인 세력이었다. 이들은 쿠데타를 일으켜 당시의 집권 세력이었던 대북파를 축출한 후 능양군을 왕(인조)으로 추대했다. 그리고 광해를 군으로 격하시킨 후 강화도로 유배를 보냈다. 인조반정 세력들이 내세운 명분은 두 가지였다. 첫째는 광해군이 명나라에 대한 의리를 저버리고 대명 사대를 하지 않았다는 것이었고, 둘째는 광해군이 선조의 적자 영창대군을 죽이고 계모 인목대비를 유폐시키는 등 패륜적 행위를 했다는 것이었다.

그러나 후세의 사가들이 지적하듯이 명나라와 청나라의 권력 교체기에 있었던 중국에 대한 광해군의 중립적인 외교 노선은 매우 현실적이었으며 국익에도 부합했다. 오히려 반정 세력이 주장하는 대명 사대 노선이 시대의 흐름을 잘못 읽은 패착이었으며 그것이 결국 병자호란과 삼전도의 굴욕을 초래했다. 또 그들이 지적한 광해군의 패륜적 행각은 왕조시대에 흔히 있었던 권력 쟁투의 하나였다. 태종이나 세조를 비롯한 조선의 임금들 가운데 그런 권력 다툼과 무관했던 사람은 거의 없었다. 그러한 이유로 왕에서 군으로 격하시킬 것 같으면 태종도 세조도 군으로 불려야 한다. 광해는 임진왜란 때 뛰어난 리더십을 발휘해 백성과 신료들의 신망을 얻었다. 세자 시절 끊임없이 그의 입지를 흔드는 반대

세력들 때문에 갈등하고 고민했지만 의연함을 잃지 않았다. 즉위 후에는 전쟁으로 피폐된 민심을 다독이기 위해 선혜청을 두어 경기도에 대동법을 실시했고 학문의 진흥과 문화의 창달에서도 꽤 많은 성과를 이뤄냈다. 광해군 사후 서인 세력들이 주도해서 편찬한 실록(《광해군일기》)으로 인해 오늘날 우리가 읽는 역사서에는 광해군이 폭군으로 기록되어 있지만 이는 균형을 상실한 역사다. 종합적이고 객관적인 자세로 보면 광해군은 지금이라도 군이 아니라 왕(광종)으로 고치는 것이 옳다.

마른고기를 씹다가
화살을 얻으니
이로움으로 여기면 길하다

광해군 시절 대북파의 영수였던 정인홍은 조선 중기 지성사에서 한 획을 그은 남명 조식의 수제자였다. 조식은 자신이 차고 있던 경의검敬義劍이라는 칼을 정인홍에게 물려줄 정도로 그를 아꼈다. 정인홍은 임진왜란 당시 고령에도 불구하고 직접 의병을 일으켜 왜적에 항거했다. 임진왜란이 끝난 후에는 대사헌을 역임했는데 대쪽 같은 그의 성품과 딱 어울리는 직책이었다. 선조의 임기 후반 정인홍은 서인의 종주인 유영경 등이 영창대군을 지지할 때 광해군을 지지했다. 고향인 합천에서 유영경을 탄핵하는 상소문을 올렸다가 유배를 당했는데 선조의 갑작스러운 죽음으로 이 시련은 정인홍에게 전화위복이 되었다. 광해군이 왕에 즉위한 후 정인홍은 '왕의 남자'가 되었다. 건강이 좋지 않아 벼슬에 직접 오른 경우는 드물지만 향리에 은거하면서도 광해와 긴밀하게 소통했다. 광해는 정인홍이 병으로 사직한 후 낙향했을 때 직접 어의를 보내 구완하기도 했다. 1611년 2월 2일의 《광해군일기》다.

> 우찬성 정인홍이 상차하여 사직하니, 답하기를,
> "경의 차자를 보고 매우 서운하였다. 경이 원로로서 선뜻 일어나 나로 하여금 대인을 볼 수 있게 하지 않는다면 나라는 반드시 쇠잔해질 것이다. 경은 병든 몸을 애써 이끌고 길에 나서서 가마를 타고 올라와 나의 간절한 바람에 부응해야 할 것이다"
> 하고 이어 전교하기를,
> "정인홍은 나라의 원로로서 또다시 병에 걸렸는데, 시골에서는 의약을 구하기 힘들 것이다. 내의에게 알맞은 약을 주어 보내 구완토록 하라"
> 하였다.

대인을 볼 수 있게 한다는 광해의 말은 주역 건괘의 구오 효사에 나오는 구절로 원문은 다음과 같다. '비룡재천飛龍在天 이견대인利見大人, 나는 용이 하늘에 있으니 대인은 봄이 이롭다.' 광해군은 이제 막 임금이 되어 하늘을 날고 있는 용이다. 이때는 경륜을 갖춘 신하들이 옆에서 보필해야 한다. 광해군에게 정인홍은 대인이었다. 그래서 이견대인이라고 했다. 상황에 맞게 주역을 인용하는 광해군의 식견이 돋보인다. 《연산군일기》에도 주역에 관한 에피소드가 수십 건 등장하지만 연산군은 단 한 번도 이에 대해 자신의 의견을 개진한 적이 없다. 주역에 대한 지식이 전혀 없었다는 방증이다. 광해군은 국정에 대한 의제를 놓고 신하들과 자유자재로 토론할 수 있는 식견을 갖추고 있었지만 연산군은 그렇지 못했다. 큰 차이다. 주역에 대한 광해군의 식견을 보여주는 에피소드를 하나 더 보자. 1613년 4월 3일의《광해군일기》기사다.

> 대사헌 최유원이 사직하는 상소를 올리니, 답하기를,
> "소를 보고 경의 간절한 심정을 모두 알았다. 다만 경은 유독《주역》을 보
> 지 못했는가. '왕의 신하가 어려움과 장애에 봉착하는 것은 그 자신을 위
> 하지 않기 때문이다'라고 하였다. 사실과 다르게 두서없이 한 말을 개의
> 할 것이 있겠는가. '자신만을 위하지 않는다'는 절조를 다 발휘하여 금시
> 金矢처럼 바른 도를 행하도록 더욱 힘쓰라. 나는 두 번 다시 말하지 않겠
> 으니 다시 사직하지 말라"
> 하였다.

광해가 첫 번째 인용한 주역의 구절은 수산건괘 육이 효사에 나오는
대목으로 원문은 다음과 같다. '왕신건건王臣蹇蹇 비궁지고匪躬之故, 왕
과 신하가 함께 절뚝거리니 제 몸을 위하지 않기 때문이다.' 수산건괘는
물을 뜻하는 감괘가 위에 놓이고 산을 뜻하는 간괘가 아래에 놓이는 모
양으로 물이 일정한 방향성 없이 산 밑으로 흘러가는 장면을 연상케 한
다. 그래서 절뚝거릴 건蹇을 괘사로 썼다. 광해군은 대사헌 최유헌이 자
신을 탄핵하는 상소가 올라와 사직하려 하자 그 문제에 대해서는 왕인
자신에게도 공동의 책임이 있으니 괘념치 말라며 주역의 수산건괘를 인
용했다.

두 번째 인용한 구절은 주역 서합괘 구사의 효사에 나오는 대목으로
원문은 다음과 같다. '서건자噬乾胏 득금시得金矢 이간利艱 정貞 길吉, 뼈
에 붙은 마른고기를 씹다가 화살을 얻으니 어려움을 이로움으로 여기면

곧고 길하다.' 서합괘는 상거래의 원리로 많이 쓰이는 괘로 앞에서도 몇 차례 나왔다. 뼈에 붙은 마른고기를 씹다가 화살을 얻었다는 것은 예기치 않은 난관에 봉착했다는 말이다. 하지만 화살이란 그 쓰임새가 있으니 어려움을 딛고 노력하면 상황이 좋아진다는 의미다. 광해군은 대간들의 탄핵으로 곤란을 겪고 있는 신하에게 수산건괘의 이 구절을 인용해 전화위복의 계기로 삼으라고 말한다.

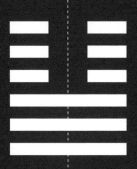

11

인조

주역으로 굴복하다

서로 뜻이 맞으니
위에서
은혜를 베푼다

반정으로 광해를 몰아내고 왕위에 오른 인조는 친명 일변도로 외교정책을 바꿨다. 그것이 화근이 됐고 그로 인해 조선은 1636년 또 한 번 전란의 소용돌이 속으로 빠져들었다. 7년간 계속되었던 임진왜란과 달리 병자호란은 한 달 남짓한 짧은 기간에 막을 내렸다. 하지만 국가적으로 볼 때 그 결과는 임진왜란보다 더 참혹했다. 삼전도에서 청나라 태종에게 무릎을 꿇고 머리를 아홉 번이나 바닥에 찧은 인조는 망국의 군주가 되었고, 조선은 자주국에서 청의 속국으로 전락했다.

청나라 태종의 사망 당시 인조는 사면령을 내렸다. 사면령이 내린 이유와 취지, 교서의 내용과 문투 등에서도 확인할 수 있듯이 조선은 청나라의 철저한 속국이었다. 1643년 10월 9일의 《인조실록》 기사다.

사면령을 내렸는데 청국이 조칙을 내렸기 때문이다. 그 교서敎書에 이르

기를,

"동방에서 나와 대통을 이으니 북두성이 임함을 우러러보았고 위아래가 온유하여 서로 뜻이 맞으므로 위에서 은혜를 베푸니 조서가 내림을 보았다. 이처럼 분에 넘치는 경사를 만났으니 의당 널리 포고하는 의식이 있어야겠다. 우리나라는 궁벽한 해변에 자리 잡고 있는데 과인의 몸에 이르러 국난을 거듭 만났다. 약소함으로 강대함을 섬겨 황제의 위세를 경외하고 험난함에서 태평함으로 나아가 황제의 은택을 많이 입었는데, 뜻밖에 요지瑤池로 떠나시어 기국杞國의 슬픔을 거듭 끼치셨다. 오직 대업이 길이 안정되고자 어리신 성군이 뒤를 이어 나오시니 태양이 동에서 떠올라 그 빛이 먼저 상명桑溟을 비추고 조칙이 서에서 내려와 그 예가 기전箕甸에 가해졌다. 선왕의 뜻을 따라 그대로 계승하시어 은총이 새롭고 내부內府의 보물을 꺼내어 내려주신 것이 많으니, 어찌 한 지방의 신임을 더할 뿐이랴. 실로 태평의 희망을 여셨다. 이달 9일 새벽 이전을 시한으로 잡범사죄雜犯死罪 이하는 모두 용서하여 석방하고 관직에 있는 자는 각각 한 자급씩 가자한다. 아, 덕이 후하면 흠이 있어도 포용하고 정성이 지극하면 많은 사람의 신임을 얻는 법이다. 하늘이 덮어주고 땅이 길러주니 모두 생육해준 은혜를 입었고 우레와 빗발이 온 누리에 가득하니 크게 용서하는 은전을 보이노라"

하였는데, 대제학 이식이 지은 글이었다.

사면령을 내렸지만 조선의 자체적인 판단이 아니라 청나라에서 조칙을 내렸기 때문이라고 기록하고 있다. 조칙이란 황제국이 신하국에 내리는 외교적 문서를 말한다. 교서를 작성한 대제학 이식은 주역에 나오는 구절을 인용해 청나라 황제의 덕을 칭송하고 있다. 동방에서 나와 대통을 이었다는 구절은 주역 설괘전說卦傳에 나오는 대목으로 원문은 제출호진帝出乎震이다. 8괘 중 하나인 진震은 방위로 동쪽을 뜻하는데 청나라의 황제가 동쪽에서 일어나 천하를 통일했다는 의미다. 위아래가 온유하여 서로 뜻이 맞으므로 위에서 은혜를 베푼다는 구절은 주역 손괘에 나오는 대목으로 원문은 중손이신명重巽以申命이다. 손괘는 바람을 뜻하는 손괘가 위아래로 나란히 겹쳐진 괘로 중풍손괘라고도 한다. 왕필은 '위아래가 모두 유순하여 그 영令을 어기지 않으니 명命이 이에 행해진다'고 그 의미를 해석했다. 조선의 군주가 청나라 황제의 명령을 고분고분 잘 따르니 별문제 없이 황제국과 신하국으로서의 두 나라 관계가 원만하게 유지된다는 의미다. 군주의 무능한 리더십 덕택에 조선의 관리들은 주역의 문구까지 인용해 청나라 황제를 마치 제 나라 군주처럼 칭송하고 있다. 서글픈 치욕의 역사다.

효종

주역으로 북벌을
꿈꾸다

강토 회복에
뜻을 둔 자는
칼을 만지지 않는다

예송논쟁으로 유명한 송시열은 서인의 거두였다. 송시열은 윤선도와 같은 남인에게는 하늘을 함께 이고 살 수 없는 정적이었지만 그가 이끌던 서인 세력에게는 만고의 구세주였다. 주자가 집대성한 유학 체계에서 일점일획도 빼거나 보탤 수 없다는 송시열의 극단적 주장은 종교적 이데올로기를 방불케 했지만 그에 대해 공개적으로 이의를 제기하는 사람은 드물었다. 그랬다가는 즉시 사문난적으로 몰려 문하에서 축출되는 상황이었기에 관직에 몸담고 있던 선비들은 너나없이 몸을 사렸다. 윤휴와 윤선거를 비롯한 몇몇 사람이 학문적 다양성을 주장하면서 송시열에 맞섰지만 중과부적이었다.

송시열은 27세 때 생원시生員試에서 〈일음일양지위도一陰一陽之謂道〉를 논술하여 장원으로 급제했다. 이때부터 명성이 조정 안팎에 널리 알려졌고 1635년에는 봉림대군의 사부師傅로 임명되면서 후일의 효종과 인연을 맺었다. 병자호란으로 왕이 삼전도의 치욕을 당하고 소현세자와 봉림대군이 인질로 잡혀가자 좌절감 속에서 낙향하여 10여 년간 일체의 벼슬을 마다하고 초야에 묻혀 학문에만 몰두하였다. 그러다가 봉림대군이 인조의 뒤를 이어 효종으로 즉위하자 조정에 복귀한다. 골수 깊숙이 반청 친명 사대주의자였던 송시열은 북벌을 꿈꾸던 효종에게 안성맞춤인 파트너였다. 대군 시절의 사부라는 인연까지 더해져 두 사람의 '케미'는 완벽했다. 거기다가 서인의 거두라는 정치적 무게감까지 있었기에 송시열은 정치적으로도 효종에게 든든한 지원 세력이었다.

송시열은 벼슬에 나아가면서 〈기축봉사己丑封事〉를 지어 효종에게 바쳤는데 그 핵심이었던 복수설치(復讎雪恥, 청나라에 당한 수치를 복수하고 설욕함)는 효종이 추진한 북벌의 정치적 명분과 딱 맞아떨어졌다. 그러나 김자점金自點 일파가 청나라에 조선의 북벌 동향을 밀고하는 바람에 송시열은 조정에서 물러난다. 덩달아 효종의 북벌도 동력을 잃었다. 향리에서의 은둔 생활을 끝내고 조정으로 복귀한 후 효종에게 올린 송시열의 아래 상소문에는 원대한 뜻을 이루지 못하고 멈칫거리고 있는 군주에 대한 안타까운 마음이 묻어난다. 1657년 8월 16일의《효종실록》기사다.

신은 살펴보건대, 주자가 처음 효종孝宗을 뵈었을 때엔 금金나라를 쳐서 중국 강토를 회복해야 한다는 의리로 말씀드렸으나 20년 후에는 다시금 이러한 말씀을 드리지 않고 다만 말하기를 '오직 원컨대 폐하께서는 먼저 동남 방면이 다스려지지 못한 것을 걱정하시면서 마음을 바루고 사욕을 극복하여 조정을 바로잡으소서. 그러면 거의 진실한 공효가 차츰차츰

이뤄질 것이고 엉뚱한 걱정거리가 생겨 원대한 계획에 해가 되는 지경에는 이르지 않을 것입니다.《주역》에 정통한 사람은 주역을 말하지 않고, 강토 회복에 뜻을 둔 자는 결코 손뼉을 치고 칼을 어루만지는 데에 뜻을 두지 않습니다'라고 하였습니다. 대개 그때 효종이 이미 측근의 신하들에게 잘못 이끌려가고 있는 데다가 안일에 젖어 있어 근본이 매우 염려되었기 때문에 주자가 이와 같이 말하였던 것입니다. 이것이 어찌 주자가 당초에 가졌던 마음이었겠습니까. 또한 슬픈 일입니다.

신이 전하의 곁을 떠난 지 8년이나 되었습니다만 대궐을 그리워하는 마음이 어찌 일각인들 조금이나마 해이해진 적이 있었겠습니까. (중략)

삼가 바라건대, 전하께서는 마음을 가다듬고 되돌아보시어 흐르는 세월이 머물러주지 않는다는 것을 깨달으시고 장년壯年이 쉬이 가는 것을 애석히 여기셔서 쉬지 말고 분발하여 덕업德業을 높임으로써 전하에게 하늘이 명한 마음과 선왕先王이 부탁한 뜻에 부응하소서.

송시열은 자신과 효종이 함께 꿈꾸었던 북벌을 중국 남송 시절 주자와 효종이 함께 추진한 북벌에 비유했다. 초기에 주자는 남송의 효종에게 즉각 금을 치라며 강력한 상소를 올렸다. 하지만 정세가 여의치 않아 그 계획은 실효를 거두지 못한다. 세월이 흐른 후 주자는 측근 신하들에게 휘둘려 효종의 초심이 흔들리는 것을 보면서 다시 상소문을 올린다. 이번에는 직접적으로 금을 치라고 조언을 하는 대신 동남 방면에 대한 치세를 게을리하지 말아야 한다며 우회적으로 정금征金을 계속 추진하라고 말한다. '《주역》에 정통한 사람은 주역을 말하지 않고, 강토 회복에 뜻을 둔 자는 결코 손뼉을 치고 칼을 어루만지는 데에 뜻을 두지 않는다'는 주자의 말은 깊은 속뜻을 가지고 있는 사람은 함부로 그 의중을 밖으로 드러내지 않는다는 의미다. 직접적으로 의중을 드러내지는 않지만 금을 쳐야 한다는 자신의 의지에는 변함이 없음을 강조하는 문장이다. 송시열의 마음도 주자의 마음과 같았다. 그래서 그는 상소문에서 조선의 효종에게 심기일전해서 복수설치復讐雪恥의 대의를 가다듬어달라고 말하고 있다.

띠 풀 하나를 뽑으면
뿌리에 얽힌 것들이
딸려 나온다

김상헌은 지조와 절개를 상징하는 선비다. 병조호란 당시 김상헌이 주장했던 척화론에 대한 역사의 평가는 엇갈린다. 하지만 그가 자신의 신념에 충실한 선비였다는 사실만은 아무도 부인할 수 없다. '가노라 삼각산아 다시 보자 한강수야. 고국산천을 떠나고자 하랴마는 시절이 하 수상하니 올 동 말 동 하여라.' 청나라 심양으로 압송되던 날 김상헌이 남긴 이 시조에는 추상같던 선비의 우국충정과 약소국가 조선의 한이 고스란히 서려 있다.

1636년 병자호란이 일어났을 때 김상헌은 66세였다. 인조가 남한산성으로 몽진하자 김상헌은 노구를 이끌고 뒤를 따랐다. 최명길을 비롯한 다수의 신하들이 강화를 주장할 때 김상헌은 척화를 주장했다. 세자를 인질로 보내는 데 반대했고, 최명길이 지은 항복 국서를 찢어버렸다. "무엇을 믿어야 하는가?"라는 인조의 물음에 "천도天道를 믿어야 한다"

며 결사항전의 의지를 굽히지 않았다. 조정의 분위기가 항복 쪽으로 기울자 김상헌은 스스로 목을 맨다. 뜻을 이루지는 못했지만 이 행동 하나가 그를 절개와 지조의 상징으로 만들었다.

형 김상용이 강화도에서 순절했다는 소식을 들은 김상헌은 낙향한다. 벼슬도 거부하고 청의 연호를 쓰는 것도 거부하자 청에서는 김상헌의 압송을 요구했다. 인조는 편지를 보내 김상헌을 위로했지만 신하국의 군주로서 황제국의 요구를 거부할 수는 없었다. 함께 심양에 잡혀와 있던 최명길이 "끓는 물과 얼음 모두 물이고, 가죽 옷과 갈포 옷 모두 옷"이라는 시조를 지어 심중을 비치자 김상헌은 "아침과 저녁이 뒤바뀐다고 치마와 웃옷을 거꾸로 입지는 않는다"는 시로 응수했다. 조선으로 돌아온 후 인조가 좌의정 벼슬을 내렸지만 서른두 번이나 거절했다. 효종도 좌의정을 제수했지만 역시 거절했다. 벼슬을 하지는 않았지만《효종실록》에는 김상헌의 자취가 많이 보인다. 효종은 조정의 대사가 있을 때 김상헌에게 자문을 구했고, 그의 견해를 따랐다. 1649년 10월 23일의《효종실록》기사다.

예조가 아뢰기를,
"초야의 신하를 경연에 입시하게 하는 뜻으로 대신에게 의논했더니, 영의정 이경석이 말하기를 '강관의 건백에 의하여 번갈아 입시하게 하고, 또 행실이 닦이고 학문이 밝은 자를 가려 성균관에서 강습하게 하면 안정되는 교화를 이룰 수 있다' 하였고, 영돈녕부사 김상헌은 말하기를 '방금 부름을 받아 경사에 와 있는 자를 먼저 선택하여 경연관을 겸대시켜서 시강에 출입하게 해 점차 견문을 넓게 한 다음 차례로 진용하면 발모연여拔茅連茹의 아름다움을 볼 것이다' 하였습니다. 우의정 조익은 말하기를 '마땅히 고사를 따라 이미 경사에 와 있는 자를 먼저 경연에 들어와 참여하게 하고, 미처 소명召命을 받지 못한 사람 역시 해조로 하여금 초출, 서계書啓하여 시독侍讀·시강侍講의 직명으로 차임해서 교대로 입시하게 하는 것이 마땅하다' 하였습니다"

하니, 김상헌의 의논에 따르라고 명하였다.

김상헌이 인용한 발모연여拔茅連茹는 주역 지천태괘地天泰卦 초구 효사에 나오는 구절로 원문은 다음과 같다. '발모여拔茅茹 이기휘以其彙 정征 길吉, 띠 풀 하나를 뽑으면 뿌리에 얽힌 것들이 죄다 딸려온다. 그로써 함께 나아가니 길하다.' 하늘과 땅의 위치가 뒤바뀐 지천태괘는 앞서 보았듯이 임금을 상징하는 하늘이 겸손한 자세로 자신을 내려놓고 적극적으로 소통하는 모양을 상징한다. 이런 태평성세를 이루기 위해서는 인재 등용이 중요하다. 한 사람의 인재를 잘 쓰면 그와 인맥으로 얽힌 사람을 줄줄이 뽑아서 쓸 수 있다. 그래서 김상헌은 발모연여의 아름다움이라고 했다. 김상헌은 조선 후기 집권 세력의 핵심으로 등장한 안동 김씨의 시발점이다. 양자로 들인 형의 아들 김광찬에게서 김수흥(영의정), 김수항(영의정), 김창집(영의정) 등 이른바 삼수육창이라 불리는 자손들이 태어났고, 그들을 거쳐 김조순에까지 이르렀으니 김상헌은 자신의 씨 하나로 발모연여의 아름다움을 손수 실현했던 셈이다. 1657년 11월 1일의《효종실록》에는 김수흥이 올린 상소문이 실려 있는데 여기서 김수흥은 조부 김상헌의 옛 발언을 소환한다.

부수찬 김수흥이 상소하기를,

"옛날 선왕조 정묘년에 또한 겨울 천둥의 변이 있었는데, 신의 조부 김상헌이 당시 옥당의 장관으로 있으면서 상차하여 경계할 것을 진달하였습니다. 그 차자의 말미에 '겨울은 한 해의 끝으로 쌓인 음이 극에 달할 때이고, 간난과 위태로움은 비색한 운이 찾아든 때로 쌓인 허물이 극에 달할 때입니다. 한 해의 끝에 음이 다 차오르면 천도가 회복되고, 간난과 위태로움에 허물을 후회하게 되면 인사가 돌아옵니다. 국가가 오늘날 바로 양陽이 회복되는 기미를 만났으니, 삼가 전하께서는 하늘의 강건한 도를 본받아 일을 해나가는 데 순응으로 행하여, 허물이 있으면 반드시 후회하고 잘못이 있으면 반드시 고쳐서 끝내 휴복休復의 길함을 이룩하길 바랍니다'라고 한 말이 있습니다. 신의 조부가 한 이 말이 바로 오늘날의 일과 서로 부합되기에 지금 또 인용해서 올리게 되었으니, 만약 성명께서 은혜를 깊게 하여 살펴보고 받아들이신다면 어찌 미미한 신만의 사사로운 다행이겠습니까"

하였는데, 상이 가납하였다.

천재지변이 일어나 민심이 흔들릴 때 김수흥은 그에 담긴 하늘의 뜻을 헤아려 임금이 포용의 정치를 실현해야 한다고 건의했다. 김상헌의 발언에 나오는 휴복休復의 길함이라는 구절은 주역 지뢰복괘의 육이 효사에 나오는 대목으로 원문은 다음과 같다. '휴복休復 길吉, 돌아와 휴식하니 길하다.' 지뢰복괘는 땅을 상징하는 곤괘가 위에 놓이고 우레를 상징하는 진괘가 아래에 놓이는 형상으로 땅 아래에 갇혀 있던 우레가 진동하여 천지를 흔들어 놓는 것처럼 잠재되어 있던 힘이 복원되어 세력을 떨치는 국면을 상징한다. 그래서 돌아올 복復을 괘사로 썼고, 현실에서는 그릇된 행동을 하던 사람이 자신의 잘못을 뉘우치고 반성하여 상황이 회복된다는 의미로 쓰인다. 김수흥은 천재지변으로 리더십이 흔들리고 있던 효종에게 초심을 회복하고 포용의 덕을 발휘한다면 위기를 극복할 수 있다며 김상헌의 옛 발언을 소환해 상소를 올렸다.

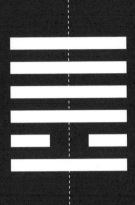

13

현종

주역으로 예송을
논하다

물건을 허술하게 보관하니
도둑을 부르는
꼴이다

주자학이 주류를 이루던 조선 중기 사상사에서 박세당은 비주류로 분류된다. 틀에 얽매이지 않는 자유분방한 입장에서 공맹을 해석하다가 사문난적으로 몰리기도 했고, 신과 같은 존재였던 송시열을 비판하다가 곤욕을 치르기도 했다. 정치적으로는 다분히 실용적인 입장을 취해 조선 후기에 등장했던 실학파의 선구자로 꼽히기도 한다. 홍문관 수찬으로 있을 당시 현종에게 올린 〈응구언소應求言疏〉에는 그의 실용주의 사상이 잘 드러난다. 박세당은 요역과 병역의 균등화를 주장했고 정치, 사회 전반의 대대적 개혁이 필요하다고 역설했다. 특히 지배계급인 사대부들에 대한 박세당의 비판은 날카로웠다. 박세당은 그들을 무위도식하면서 국록이나 축내는 좀蠹이라고 표현했다. 대외정책에서도 국익을 우선시하는 실용 외교를 주장했다. 국제정치의 현실을 직시해 청과 우호적인 관계를 유지해야 한다고 목소리를 높였다.

서장관書狀官으로 청나라를 다녀왔지만 사색당파에 혐오를 느낀 나머지 박세당은 관료 생활을 포기하고 양주 석천동으로 물러났다. 한때 통진 현감이 되어 흉년으로 고통받는 백성들을 구휼하는 데 힘쓰기도 했지만 당쟁의 소용돌이 속에서 두 아들을 잃자 여러 차례에 걸친 출사 권유를 모두 물리치고 석천동에서 직접 농사를 지으며 학문 연구와 제자 양성에 힘썼다. 농사짓는 선비로서의 경험을 바탕으로 쓴《색경穡經》은 박제가와 박지원을 비롯한 실학파들에게 많은 영감을 줬다.

박세당은 도가사상에도 심취해 조선의 선비들이 기피하던 노자와 장자를 깊이 들여다봤다. 도가에서 말하는 무위無爲란 일하지 않고 가만히 있는 불사不事가 아니라 사사로운 욕구에 얽매이지 않는 무욕無欲의 태도라고 말하면서 민중의 삶을 향상시키기 위해서는 지배계급인 사대부들이 기득권을 먼저 내려놓아야 한다고 주장했다. 벼슬을 사양하면서 현종에게 올린 박세당의 아래 상소에는 당파 싸움에 몰두하는 조정 관료들에 대한 실망감과 염증이 여실히 드러난다. 1662년 7월 20일《현종실록》의 기사다.

정언 박세당이 인피引避하였는데 그 대략에,
"물건을 허술히 보관하는 것 자체가 도적을 방으로 끌어들이는 것은 아니지만 그래도 물건을 가져가라고 도적에게 가르쳐주는 것이라고 말했고 보면, 대신이 이른바 '안마鞍馬가 너덜너덜해졌으니, 내직內職과 외직을 교대로 제수해야 한다'는 것이 탐묵貪墨을 가르치는 결과가 되지 않겠습니까. 아, 오늘날 조정에서 벼슬하는 사람치고 직위를 가진 선부형先父兄이나 친구 없는 사람이 어디 있겠습니까. 그러나 가령 모상某相이나 모경某卿에게 논해야 할 잘못이 있을 경우, 대각에 몸을 담고 있는 자가 사사로운 정분을 돌아보면서 감히 탄핵하지 못한다면, 이 어찌 국가에 이로운 일이 되겠습니까. 신은 '사사로운 교분은 어디까지나 사사로운 교분이고 공적인 의리는 어디까지나 공적인 의리이다'라고 생각하였는데, 차자를 올리면서 이렇게까지 이야기하다니, 신은 삼가 의아하게 여겨집니다"

라고 하였다.

박세당이 인용한 구절은 주역 계사繫辭 상上에 나오는 대목으로 원문은 다음과 같다. '만장회도慢藏誨盜, 물건을 허술히 보관하는 것은 도적에게 가져가라고 가르쳐주는 것이다.' 안마가 너덜너덜해졌다는 것은 말 위에 얹은 안장이 낡을 정도로 오랜 세월이 흘렀음을 뜻한다. 안마가 너덜너덜해졌으니 내직과 외직을 교대로 제수해야 한다는 것은 고인 물이 썩듯이 관리가 한곳에 너무 오래 머물면 부패해지기 쉬우므로 적절한 인사이동이 필요하다는 의미다. 당파 싸움이 만연했던 현종 당시 조정의 관료들은 이런 명분을 내세워 이른바 물 좋은 자리를 끼리끼리 물려주고 물려받았다. 박세당은 같은 당에 속한 관리들의 이런 짬짜미 인사 관행 때문에 부정부패의 악순환 고리가 끊이질 않는다며 주역의 문구를 인용 비판했다.

14

태종

주역으로 왕권을
강화하다

이상履霜의 조짐만으로도
불충을
면치 못한다

태종은 조선왕조 개국의 실질적인 주역이다. 정도전이 조선에 대한 디자인을 완벽하게 해 이성계에게 제시했지만 이성계는 고려왕조를 뒤엎는다는 사실에 부담을 가졌다. 위화도회군으로 돌아올 수 없는 강을 건너놓고도 혁명까지는 생각하지 않았다. 정몽주를 제거하는 데도 반대했다. 이러한 이성계의 의중을 간파한 태종은 아버지의 뜻을 거스르면서 행동에 나섰다. 태종이 정몽주를 제거하지 않았더라면 조선의 개국은 없던 일이 될 수도 있었다. 태종은 조선의 개국 후에도 악역을 짊어졌다. 두 차례에 걸친 왕자의 난으로 궁궐을 피로 물들였지만 그것은 개국 초기 조선왕조의 기반을 다지기 위한 고육지책이었다. 군왕이 된 후에도 이런 상황은 변하지 않았다. 사병 혁파, 삼군도총제부 신설 등을 통해 왕권을 다졌지만 외척의 힘이 여전히 위협적인 요소로 남아 있었다. 태종은 또 한 번 칼을 빼 들었다. 그리고 원경왕후 민씨의 거센 반발을 무릅쓰고 민씨 사형제를 제거했다. 선위 파동은 민씨 형제들을 겨냥한 일종의 정치적 쇼였다. 실록에는 그런 정황이 자세히 기록되어 있다. 1407년 9월 18일 《태종실록》 기사다.

임금이 민무휼·민무회를 돌아보며 말하였다.

"너희 두 형이 죄를 지어 외방에 귀양 가 있는데, 그 마음에는 반드시 생각하기를, '내가 무슨 불충한 마음이 있는가?'라고 할 것이고, 너희들도 또한 말하기를, '우리 형이 무슨 불충한 죄가 있는가?'라고 할 것이고, 너희 부모의 마음에도 또한 그러할 것이다. 지금 내가 그 까닭을 자세히 말할 것이니, 너희들은 마땅히 가서 부모에게 고하도록 하라. 대저 불충이라는 것은 한 가지가 아니다. 예전 사람이 말하기를, '임금의 지친至親에게는 장차[將]가 없다'고 하였으니, 장차[將]가 있으면 이것은 불충인 것이다. 이상履霜의 조짐이 있어도 또한 불충이 되는 것을 면치 못하는 것이다. 만일 내가 정안군靖安君으로 있었을 때에 너희 형들이 나에게 쌀쌀하고 야박하게 굴었다면, 이것은 불목不睦이 되는 것이고 불충은 아니 되는 것이지만, 지금 내가 일국의 임금이 되었는데, 저희가 쌀쌀하고 야박한 감정을 품는다면, 이것은 참으로 불충인 것이다. (중략)

하루는 민무구가 나에게 말하기를, '정승들이 모두 신에게 말하기를, 「주상의 뜻이 이미 정하여졌으므로, 신 등이 감히 고집할 수 없으니, 미리 선위禪位할 여러 일을 준비하여 주상의 명령을 따르고자 한다」고 하였습니다' 하였다. 내가 듣고 심히 기뻐하였는데, 조금 뒤에 정승들이 다시 백관을 거느리고 대궐 뜰에서 간쟁諫諍하였다. (중략) 그러나 되풀이하여 이를 생각해 보니, 아마 이것이 산올빼미의 뜻인가 보다 하고, 이에 선위

禪位하는 일을 실행하지 않았다. 여러 신하들은 청한 것을 허락받았다고 기뻐하면서 모두 배하拜賀하고 물러갔는데, 민무구는 들어와 알현할 때 성낸 빛이 있었으니, 내가 그 뜻을 알지 못하였다."

태종은 선위 파동을 일으켜 민무구, 민무질 두 형제를 먼저 유배 보낸 후 자진토록 했다. 선위 의사를 표명했다가 다시 거두어들였을 때 다른 신하들은 모두 극렬히 반대했지만 민무구, 민무질 두 형제는 거꾸로 서운해했다는 게 표면적인 이유였다. 세자인 양녕대군과 가까웠던 이들이 태종의 퇴임을 은근히 바랐다는 증거가 아니냐는 것이었다. 그러나 이 것은 외척 세력을 제거하기 위한 명분에 지나지 않았다. 위의 실록 기사 는 태종이 나머지 두 형제인 민무휼과 민무회를 제거할 당시 그들에게 한 말이다. 형들이 역모에 해당하는 불충으로 죽었는데 동생들이 형의 죽음이 잘못되었다고 생각하니 그 또한 역모에 준하는 것이 아니냐는 논리다. 태종이 인용한 이상履想의 조짐은 주역 중지곤괘의 초육 효사 에 나오는 대목으로 원문은 다음과 같다. '이상견빙지履霜堅氷至, 서리를 밟으면 굳은 얼음에 이른다.' 정종 편에서도 나왔다. 민씨 형제들이 미래 권력인 세자를 앞세워 권세를 부리다 보면 그것이 왕권에 위협이 되고 역모로 발전할 수도 있으니 그런 사태를 미연에 예방하기 위해 죽인다 는 의미다.

태종은 이성계의 자식들 가운데 유일하게 과거 시험에 합격했다. 이 성계 부부가 태종의 합격 소식을 듣고 뜰에서 덩실덩실 춤을 췄다고 할 정도로 태종은 집안의 자랑이었다. 정몽주 척살, 왕자의 난, 민씨 형제

제거 등과 같은 행적으로 볼 때 태종은 무인에 가까웠지만 문인의 자질도 타고났던 것이다. 주역에도 특히 관심이 많았다. 실록에는 태종이 주역에 밝은 장덕량이라는 성균관 유생을 날마다 대궐에 입실케 해 자문에 응하게 했다는 기록도 있으며(1407년 4월 1일의《태종실록》) 회통會通이라는 주역 해설서를 구해 와서 바치라고 명했다는 기록도 있다.(1411년 6월 6일의《태종실록》) 전라도 관찰사 박습과 영길도 도순문사 조흡이 고을의 신설과 통합에 관한 상소를 올렸을 때는 주역을 인용해서 반대 입장을 분명히 하기도 했다. 1415년 8월 1일의《태종실록》기사다.

하는 일이 바른 데에 합한다면 비록 어리석은 백성이 원망하더라도 하늘이 싫어하겠는가? 만일 백성이 원하는 것을 다 따른다면 백성이 어찌 부역賦役을 하고자 하겠는가? 이와 같이 한다면 재상이 어떻게 그 조租를 거두며 국가가 어떻게 다스려지겠는가? 예로부터 내려오면서 아래위가 예절이 있은 뒤에야 국가가 다스려질 수 있었다. (중략) 재상은 모름지기 글을 읽은 사람을 쓰는데, 경 등이 이미 글을 읽고 일을 맡았으니,《주역》태괘泰卦를 보면 나라 다스리는 방도를 대개 알 것이다.

지천태괘는 앞서도 몇 차례 나왔기 때문에 괘에 대한 해설은 생략한다. '태괘를 보면 나라 다스리는 방도를 대개 알 것'이라고 한 태종의 발언은 지천태괘의 상사를 염두에 둔 것처럼 보인다. 원문은 다음과 같다. '상왈象曰 천지교天地交 태泰 후이재성천지지도后以財成天地之道 보상천지지의輔相天地之宜 이재우민以左右民, 상에서 이르기를 천지가 교감하는 것이 태이다. 왕이 재물로써 천지의 도를 이루고 천지의 의를 서로 도우며 이로써 백성을 보호한다.' 개국한 지 얼마 되지 않은 조선의 입장에서는 정치적으로는 왕권을 강화해야 하고 경제적으로는 조세권의 확충을 통해 물적 기반을 강화해야 한다. 그러기 위해서는 다소간의 민원이 있어도 소신껏 정책을 추진해야 한다. 그것이 장기적으로 국가와 백성을 위하는 길이다. 왕권 강화를 위해 자신의 손에 기꺼이 피를 묻혔듯 경제력 강화를 위해서는 백성들의 원성도 어느 정도 감수해야 한다는 것이 태종의 생각이다. 그런 의중을 가지고 관리들에게 주역의 태괘를 읽어보라고 한 것이다.

15

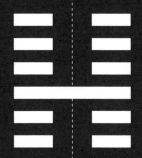

세종

주역으로 조정을
놀라게 하다

성녕대군의
점괘 풀이를
분명히 하다

세종은 공부의 신이었다. 잠저 시절부터 부지런히 책을 읽어 일찌감치 문리를 터득했다. 어전회의나 경연에서 신하들을 압도할 수 있었던 것도, 훈민정음을 창제하고 간의대와 측우기를 비롯한 과학 기기들을 발명할 수 있었던 것도 풍부한 독서 이력이 뒷받침되었기 때문이다. 과학 기기들은 장영실의 손끝에서 완성되었지만 천문지리에 대한 세종의 이해가 없었더라면 불가능한 일이었다. 태종은 '너는 왕이 될 팔자를 타고 나지 않았으니 공부에 취미를 두지 말고 서화나 음악 같은 것을 하면서 적당히 인생을 즐기라'고 했지만 세종은 아버지의 훈계를 따르지 않았다. 세종이 자신의 충고를 따르지 않자 태종은 건강에 좋지 않다는 이유를 내세워 세종의 방에 쌓아두고 있던 책을 모조리 치워버리기도 했다. 그렇다고 학문을 사랑하는 세종의 의지를 완전히 꺾지는 못했다. 세종은 병풍 뒤에 감춰두었던 구소수간(구양수와 소동파가 주고받았던 편지글 모음집)을 천 번 넘게 되풀이해서 읽었다.

세종의 학문적 깊이에 대해서는 당시의 문형이었던 변계량도 혀를 내두를 정도였으며 그러한 공부의 힘은 세종으로 하여금 팔자에 없었던 임금의 자리에 오르게 하는 밑거름이 되었다. 양녕대군의 기행이 도를 지나칠 정도에 이르자 태종은 마침내 세자 교체를 결심했고 신하들은 둘째인 효령대군이 아니라 셋째인 충녕대군을 세자로 밀었다. 신하들이 근거로 내세운 것은 현자론賢者論이었다. 어차피 장자가 아니라면 차자 중에서 가장 똑똑한 인물을 세자로 내세워야 한다는 논리였다. 세자 수업 기간이 채 1년도 되지 않아 군왕에 올랐지만 세종은 풍부한 독서로 쌓은 식견을 바탕으로 빠른 시간 내에 조정 신하들을 장악한다. 세종이 읽은 책의 목록이 전해지지는 않지만 주역도 당연히 포함되었다. 주역에 대한 세종의 이해가 얼마나 깊었는지를 보여주는 짤막한 에피소드가 실록에 있다. 1418년 1월 26일《태종실록》의 기사다.

성녕대군 이종이 완두창이 나서 병이 위독하였다. 임금이 총제 성억에게 명하여 향을 받들고 흥덕사에 나아가서 정근하고 기도하게 하였다. 승정원에 명하여 점을 잘 치는 자들을 불러 모아서 이종의 길흉을 물어보게 하니, 판수 한각운, 정신오 등이 점을 치고 모두 말하기를,

"길합니다"

하였다. 검교 판내시부사 김용기가 성녕대군의 구병 원장을 싸서 받들고 절령 나한전에 갔으니, 병이 날로 심해지기 때문이었다. 청성군 정탁이 《주역》으로써 점을 쳐서 임금에게 올리자, 충녕대군이 나아와 이를 풀이하기를 심히 분명하게 하니, 세자가 마음으로 감복하고 좌우 신하들이

모두 감탄하여 칭찬하였다.

　성녕대군은 태종의 넷째 아들로 어릴 때부터 총명하고 행실도 의젓해 태종의 총애를 받았다. 하지만 열네 살 때 천연두에 걸려 요절했다. 위의 실록 기사는 성녕대군의 병이 악화되었을 때 주역 점을 쳤는데 그 점괘를 세종이 정확하게 풀이해 세자(양녕대군)와 대소신료들을 놀라게 했다는 내용이다. 구체적인 기록이 없어 세종이 주역의 무슨 괘를 어떻게 해석했는지에 대해서는 알 길이 없지만 주역에 대한 세종의 식견이 어떤 수준이었는지는 충분히 짐작할 수 있다. 이런 점은 또 다른 실록의 기록으로도 확인이 된다. 세종 때 주역 강연이 처음 이루어진 것은 1425년 12월 12일이었는데 이듬해인 1426년 7월 4일의 기사에는 주역 강연이 벌써 끝났다는 기록이 보인다. 불과 6개월 남짓한 기간에 주역을 모두 완독했다는 것이다. 어지간한 실력이 아니고는 그 기간에 주역 강독을 끝낼 수 없다. 세종은 세자(문종)에게 직접 주역을 가르치기도 했다. 1432년 10월 25일《세종실록》의 기사다.

　　경연에 나아갔다. 참찬관 권맹손에게 일러 말하기를,
　　"예전 양녕대군이 나이 열여섯 살 때에 태종께서 활쏘기를 배우도록 명하셨더니, 마침내 광패한 행동을 하는 날에 이르러 대신들은 일찍이 활쏘기를 익힌 것으로 탓을 삼았으나, 대체로 그의 광패한 것은 일찍이 활쏘기를 익힘으로써 그러한 것이 아니요, 성색에 빠져서 담을 넘어 나가 놀게 되어 아니하는 짓이 없었으니, 어찌 그 버릇이 자라서 그렇게까지 된 것이 아니겠느냐. 이제 세자에게 활쏘기와 말타기를 익히게 하지 않음은 다만 그것으로 학문을 폐하게 되지 않을까 염려되어서였으나, 이제 세자의 나이 20이 되었고, 또한 천성이 본래 글 배우기를 좋아하여, 하루 동안에도 아침·낮·저녁으로 세 번씩이나 강학하는 여가에 양궁에 문안 드리되, 배움을 폐하는 때가 없으며, 요사이는 문안할 때에 인하여 또《주역》의 강론을 나에게 받는다."

세종은 세자가 문약해지는 것을 보고 활쏘기를 가르치게 했는데 신하들은 과거 양녕대군의 선례를 들어 반대했다. 그러자 세종은 양녕대군이 그리 된 것은 활쏘기가 원인이 아니라 성색을 너무 밝혔기 때문이라며 뜻을 굽히지 않는다. 세자의 나이가 스무 살이 되었고 아침, 점심, 저녁 세 차례에 걸쳐 강연을 하는 것도 모자라 자신에게 주역 수업까지 받는다며 체력 단련의 필요성을 강조하고 있다. 세자에게 직접 주역을 가르칠 정도로 세종의 주역 실력은 뛰어났다.

아비의 일을
아들이 맡아
처리한다

세종은 임기 중반을 넘어서면서 세자에게 대리청정을 맡기고 자신은 훈민정음 창제와 같은 국정의 핵심 과제에 매달렸다. 신하들이 세자의 대리청정을 집요하게 반대하자 세종은 주역의 문구를 직접 인용해 뜻을 관철시켰다. 1439년 7월 4일의 《세종실록》 기록이다.

> 의정부에서 아뢰기를,
> "신 등은 세자가 강무하라는 명령을 듣고 놀라움을 이길 수 없습니다. 되풀이하여 이를 생각하여도 예전에는 이런 예가 없었사오니 행할 수 없습니다"
> 하니, 임금이 말하기를,
> "나는 경들의 말이 매우 오활하다고 생각한다. 《춘추》에 말하기를, '국군이 밖에 있으면 세자가 나라에 있다'고 하였고, 《주역》에 말하기를, '아비

의 일을 아들이 맡아 처리한다'고 하였다. 세자가 장차 나를 대신하여 나라를 다스릴 것이니, 군사를 나누어 거느리고 권도로 강무를 행하는 것이 또한 의리에 해롭겠는가."

세종이 인용한 문구는 주역 산풍고괘山風蠱卦 초육 효사에 나오는 대목으로 원문은 다음과 같다. '간부지고幹父之蠱 유자有子 고考 무구無咎 려厲 종길終吉, 아버지가 짊어진 일이니 아들이 있으면 고하여 허물이 없고 근심이 있지만 마침내 길하다.' 산풍고괘는 산을 상징하는 간괘가 위에 놓이고 바람을 상징하는 손괘가 아래에 놓이는 모양으로 산 아래에서 바람이 심하게 불어와 마치 벌레가 먹듯이 초목을 갉아먹고 훼손시키는 것을 상징한다. 그래서 벌레 고蠱를 괘사로 썼다. 주역에서 둔괘, 비괘와 함께 대표적인 흉괘에 속한다. 효사에는 이런 좋지 않은 상황을 타개하기 위한 방책들이 제시되어 있는데 그중 하나가 세종이 인용한 구절이다. 초육 효사는 비록 아버지가 벌인 일이지만 아들이 그것을 이어받아 처리하면 처음에는 다소의 근심이 있지만 결국에는 길하다는 의미다. 세종은 세자에게 대리청정을 하면 처음에는 업무 처리에 미숙해 다소 염려가 되기도 하지만 결국에는 세종과 세자, 조정 모두에 득이 된다며 주역의 구절을 인용했다.

유생들 사이에서 주역을 포함한 성리학 공부를 기피하는 세태가 만연해지자 세종은 직접 나서서 유생들을 시험하기도 했다. 1439년 8월 20일의《세종실록》기사다.

근정전에 나아가 책문으로 거자를 시험하는데, 독권관 우의정 신개에게

이르기를,

"지금 학생들을 보니 성리의 글을 연구하지 않고 한갓 사장만 힘쓰니, 내가 장차 이학을 묻겠다"

하고, 책문의 글제를 내기를,

"일찍이 육적의 글을 보건대, 그 뜻이 가끔 서로 맞지 않는 것이 있는 듯하니, 내가 그윽이 의심한다.《주역》에 말하기를, '역易을 지은 자는 근심하는 것이 있음인저' 하고, 또 말하기를, '하늘을 즐거워하고 명을 아는 때문에 근심하지 않는다' 하였으니, 그 말이 서로 어그러지는 것은 무슨 까닭인가."

세종이 책문에 인용한 구절은 주역 계사하전 7장에 나오는 대목으로 원문은 다음과 같다. '작역자作易者 기유우환호其有憂患乎?《주역》을 지은 자는 근심이 있어서인가?' 주역은 주나라의 시조인 문왕이 지었다. 그래서 책 이름에 주周 자가 들어간다. 상나라의 폭군 주왕紂王은 백성들의 신망을 얻고 있던 문왕이 세력을 강화하는 것을 경계해 그를 감옥에 가두었다. 문왕은 감옥에 갇혀서 자신의 운명을 알아보기 위해 주역을 지었다. 그래서 계사전에는 주역을 지은 자에게 근심이 있다고 했다.

16

경종

주역으로도
지우지 못한
당파 싸움의 그늘

천지교태의 의에도
임금은
발락이 없었다

재임 기간이 45년을 넘긴 사실에서도 알 수 있듯이 숙종은 사색당파로 얼룩진 험난한 국면을 효율적으로 헤쳐나갈 수 있는 리더십과 내공을 갖춘 군주였다. 하지만 그가 남긴 정치적 유산의 그늘도 만만치 않았다. 가장 짙은 그늘은 후계 구도와 관련된 문제였다. 후궁으로 들어왔던 장희빈의 소생을 세자로 책봉하는 과정에서 서인들은 극렬하게 반발했고 숙종은 기사환국이라는 카드로 국면을 돌파했다. 하지만 그 후 숙종 스스로 화근을 만들었다. 장희빈에게 사사를 내린 후 숙종은 혹여 세자가 왕이 될 경우 생모의 과거를 들춰내서 피비린내 나는 복수극을 벌일 수도 있다는 점을 염려했다. 연산군의 전례가 떠올랐을 것이다. 그래서 세자를 숙빈 최씨가 낳은 연잉군으로 교체하려는 계획을 세웠다. 세자에게 자식이 없고 병이 많다는 점(무자다병)을 명분으로 내세웠지만 속마음은 다른 데 있었다. 1717년 숙종은 은밀하게 노론의 이이명을 불러 세자 교체를 지시한다. 하지만 세자를 지지하던 소론이 격렬하게 반대함으로써 결국 뜻을 이루지 못한다.

경종이 즉위한 후 노론은 경종에게 자식이 없기 때문에 연잉군을 세제로 책봉해야 한다고 주장해 성사시킨다. 그 후 노론은 한 걸음 더 나가 세제의 수렴청정까지 주장했다. 신하들에게 기가 눌려 있던 병약한 군주 경종은 이를 수용했지만 소론이 반발했다. 몇 차례 핑퐁 게임을 하다가 경종의 친정으로 결론이 나면서 조정에는 또 한 차례 격랑이 몰아닥친다. 소론의 탄핵으로 대리청정을 기획했던 영의정 김창집, 중추부영사 이이명 등 노론사대신은 유배를 당한다. 파란은 거기에서 그치지 않았다. 1722년 소론 목호룡의 고변으로 역모 사건이 불거져 노론은 풍비박살 난다. 유배를 가 있던 사대신을 비롯한 50여 명의 신하들이 처형되고 170여 명의 신하들이 유배를 가거나 삭탈관직이 되었다. 이른바 신임사화다.

소론은 노론을 일망타진한 후 조정을 장악한다. 신하들에게 휘둘리던 경종은 제대로 된 임금 노릇 한번 해보지 못하고 취임 4년 만에 지병으로 숨을 거둔다. 그의 리더십이 얼마나 허약했는지는 실록의 기록을 통해서도 확인된다. 1720년 11월 1일의《경종실록》기사다.

좌의정 이건명이 임금께서 너무 지나치게 침묵하는 것에 대해《주역》의 천지교태天地交泰의 의義를 인용하여 졸곡 후에 강연을 열어 대신과 유신으로 더불어 문의를 논하고 치도를 강구하기를 청하였으나, 임금이 발락發落이 없었다. 호조판서 민진원이 말하기를,

"전하께서 동궁에 계실 때에 시탄柴炭을 감제하도록 이미 허락하셨다가 도로 예전대로 환원하시니, 듣는 자들이 두려워하며 의혹하고 있습니다. 또 선혜청 문서를 보니, 현종대왕전의 시탄을 지금까지도 그대로 올리고 있어 사체가 지극히 미안합니다. 그 한 가지를 감제함이 마땅합니다."

즉위년의 기사인데 내용으로 볼 때 경종은 신하들의 강연 요청에 침묵으로 일관했고 한번 결정한 정책을 특별한 이유 없이 뒤집어 국고 낭비를 초래했다. 좌의정 이건명이 언급한 주역의 문구는 앞서 몇 번 보았던 지천태괘를 인용한 것이다. 신하들은 태평성세를 열기 위해서는 임금이 부지런히 학문을 연마해야 한다고 건의하고 있지만 경종은 가타부타 답을 내리지 않고 있다. 신하들로서는 답답할 노릇이다.

흔들리는
운명 앞에서
주역을 읽다

짧은 치세 기간의《경종실록》에서 눈에 띄는 기사가 하나 있는데 바로 성균관의 권당捲堂에 관한 기사다. 권당이란 요즘 말로 하면 동맹휴학이다. 성균관 유생들이 자신들의 뜻을 관철시키기 위해 동맹휴학을 결의했다는 것인데 그 발단은 성균관 유생 윤지술의 상소문이었다. 윤지술은 이이명이 작성한 숙종의 지문誌文이 편파적으로 기록되었다고 주장하면서 이이명을 탄핵하는 상소문을 올렸다. 하지만 일개 유생이 노론의 좌장 격이던 이이명을 넘어설 수는 없었다. 노론은 윤지술의 언사가 불손하다며 집단으로 공격했다. 별 반응을 보이지 않던 경종은 공격이 심해지자 윤지술에게 유배를 명한다. 이에 윤지술을 옹호하던 성균관 유생들이 집단으로 동맹휴학을 결의한 것이다. 그 후 다소 복잡한 양상으로 전개되던 이 사건은 결국 윤지술의 죽음으로 마무리된다. 신임사화 당시 소론은 윤지술을 탄핵 사사시킨다. 신념 하나로 조정의 노신들에게 맞섰던 윤지술은 노론과 소론 어느 쪽에서도 환영받지 못한 채 스물넷이라는 젊은 나이에 최후를 맞았다. 1721년 12월 17일의《경종수정실록》기사에는 그의 졸기가 실려 있는데 그 내용이 자못 비감하다.

> 태학생 윤지술을 죽였다. 윤지술은 체모는 몹시 인약하였으나 강개하여 의리를 좋아하였다. 체포당하는 날에《주역》을 읽고 있었는데 의연히 두려워하지 않았고, 세 차례에 걸쳐 형벌을 받으면서도 끝내 결안하기를 좋아하지 않았다. 처형할 때 이르러 신기가 어지럽지 않았고 기색이 태연하여 평상시와 같았다. 윤지술의 문객에 장한사라는 이가 있었는데, 사람됨이 탁월하여 의기를 좋아하였다. 윤지술이 이미 죽으니 가서 곡하고 그 시체를 거두어 묻어주자, 사람들이 그 의로움을 칭찬하였다.

시국 사건의 희생자였던 조선시대 젊은 선비 윤지술은 흔들리는 운명 앞에서도 주역을 읽고 있었다. 의연히 두려워하지 않고. 사관은 백성들이 윤지술의 시신을 거두어준 장한사라는 사람의 행동을 의롭게 여기고 칭찬했다고 기록하고 있다. 윤지술 또한 백성들이 의롭게 여겼다는 증거가 아니겠는가.

64괘 상의(象意)

1중천건 굳쎄다	2중지곤 순응하다	3수뢰둔 막히다	4산수몽 어리다	5수천수 기다리다	6천수송 소송, 재판	7지수사 군대, 장수	8수지비 비교, 화합
9풍천소축 적게 모음	10천택리 예절, 따름	11지천태 크게 통함	12천지비 답답함	13천화동인 협력, 협동	14화천대유 크게 만족	15지산겸 겸허함	16뇌지예 예측, 기교
17택뢰수 따르다	18산풍고 벌레, 말썽	19지택림 군림, 커짐	20풍지관 연구, 살핌	21화뢰서합 씹다. 합침	22산화비 장식, 꾸밈	23산지박 침몰, 강탈	24지뢰복 회복, 복귀
25천뢰무망 헛됨, 무망	26산천대축 크게 모음	27산뢰이 봉양, 기름	28택풍대과 크게지나침	29중수감 함몰, 난관	30중화리 열정, 의욕	31택산함 同心, 결혼	32뇌풍항 한결, 항상
33천산둔 운둔, 피함	34뇌천대장 힘참, 흥성	35화지진 진보, 진출	36지화명이 풍전등화	37풍화가인 집사, 여인	38화택규 감시, 시기	39수산건 멈춤, 고난	40뇌수해 해결, 완화
41산택손 손해, 줄임	42풍뢰익 이익, 더함	43택천쾌 붕괴, 승리	44천풍구 만남, 추함	45택지취 결합, 모임	46지풍승 상승, 번성	47택수곤 고난, 힘든	48수풍정 우물, 쉼터
49택화혁 혁신, 혁명	50화풍정 안정, 솥	51중뢰진 움직임	52중산간 멈춤, 정지	53풍산점 점점나아짐	54뇌택귀매 비정상결혼	55뇌화풍 성장, 풍성	56화산려 여행, 손님
57중풍손 공손, 겸손	58중택태 기쁨, 희열	59풍수환 분리, 이별	60수택절 절제,절약	61풍택중부 믿음,신뢰	62뇌산소과 조금지나침	63수화기제 성취, 완성	64화수미제 미완성